ウルトラ回収率
2024-2025

伊吹雅也 監修
競馬王データ特捜班 編

近年のＪＲＡは、主要な前哨戦をスキップしたにもかかわらずビッグレース本番で結果を残す馬が増えてきました。10月までに施行された23年のＪＲＡ平地ＧⅠで優勝を果たした馬は16頭。そのうち「前走との間隔が中5週以内、かつ前走の条件がＧⅠ（ＪｐｎⅠを含む。以下同）以外」だったのは、フェブラリーSを勝ったレモンポップ（前走が根岸S）、天皇賞（春）を勝ったジャスティンパレス（前走が阪神大賞典）、ＮＨＫマイルＣを勝ったシャンパンカラー（前走がニュージーランドT）、スプリンターズSを勝ったママコチャ（前走が北九州記念）の4頭だけで、全体のわずか4分の1、すなわち25%に過ぎません。

ちょうど10年前の13年がどうだったかと言うと、ＪＲＡ平地ＧⅠの優勝馬22頭中、「前走との間隔が中5週以内、かつ前走の条件がＧⅠ以外」だった馬は15頭。全体の約68%を占めていたということになります。ちなみに、該当していなかった7頭のうち6頭はＧⅠを連戦した馬で、いわゆる「ぶっつけ本番」というイメージに近かったのは、札幌2歳Sからの直行で阪神ＪＦを勝ったレッドリヴェールくらい。まだこの頃は（ＧⅠではない）前哨戦を使ってから大舞台に臨むという形が主流だったのです。

他の年についても「前走との間隔が中5週以内、かつ前走の条件がＧⅠ以外」だったＪＲＡ平地ＧⅠ勝ち馬の頭数（割合）を見てみると、22年こそ10頭（約42%）とやや多めでしたが、20年と21年はいずれも6頭（25%）どまりでした。一方、19年以前は割合にして50～60%程度が「相場」といったところ。ここ3年くらいで急激に強まった傾向と言えるでしょう。

どんな世界であっても、ひと昔前の常識やセオリーがいつの間にか通じなくなっているというのは、そう珍しくもない話。変化やその気配をいち早く察知し、周囲よりも先に認識をアップデートできれば、大きな利益に繋がります。定期的に大掛かりなレースデータ分析を行うことで、時代の変わり目を見逃さないようにしたい――。そんな思いもあって、私は毎年この時期に『ウルトラ回収率』シリーズの単行本を作ってきました。

本書は、伊吹雅也が監修を務めるようになってからだと11作目、それ以前の「前身」を含めると13作目の『ウルトラ回収率』です。いわゆる「馬券本」としては異例の長期シリーズと言って良いのではないでしょうか。これもひとえに、ご愛読いただいている皆様の継続的な応援があったからこそ。改めて御礼申し上げます。

今回も基本的な構成は昨年度版と同様で、好走率・回収率とも一定の基準に達しているデータを、適用可能なコース（＝集計対象としたコース）ごとに収録。最大3つしかない条件に合致する馬を出馬表から探し出し、予算やお好みに応じた形で買い続けましょう――というのが、本書の提唱する馬券作戦です。

集計対象も例年通り。今回は20年の秋季競馬から23年の夏季競馬まで、すなわち20年9月12日から23年9月3日までの過去3年としました。各項目を構成する条件として挙げたファクターは、競馬新聞や競馬データベースサイトなどを参照すればすぐに調べられるものばかり。一般的な競馬ファンが入手しづらいデータはまったく使用しておりません。初めて『ウルトラ回収率』シリーズに触れた方であっても、本文を見ればその趣旨をすぐにご理解いただけるでしょう。

ちなみに、私が監修を務めるようになってからの当シリーズは、3着内数ならびに3着内率、そして複勝回収率を評価の主軸としています。収録項目もこれらの要素を参考に選んでいますから、比較的人気がない該当馬の複勝やワイド、さらには3連複や3連単といった式別を活用するのがベストです。

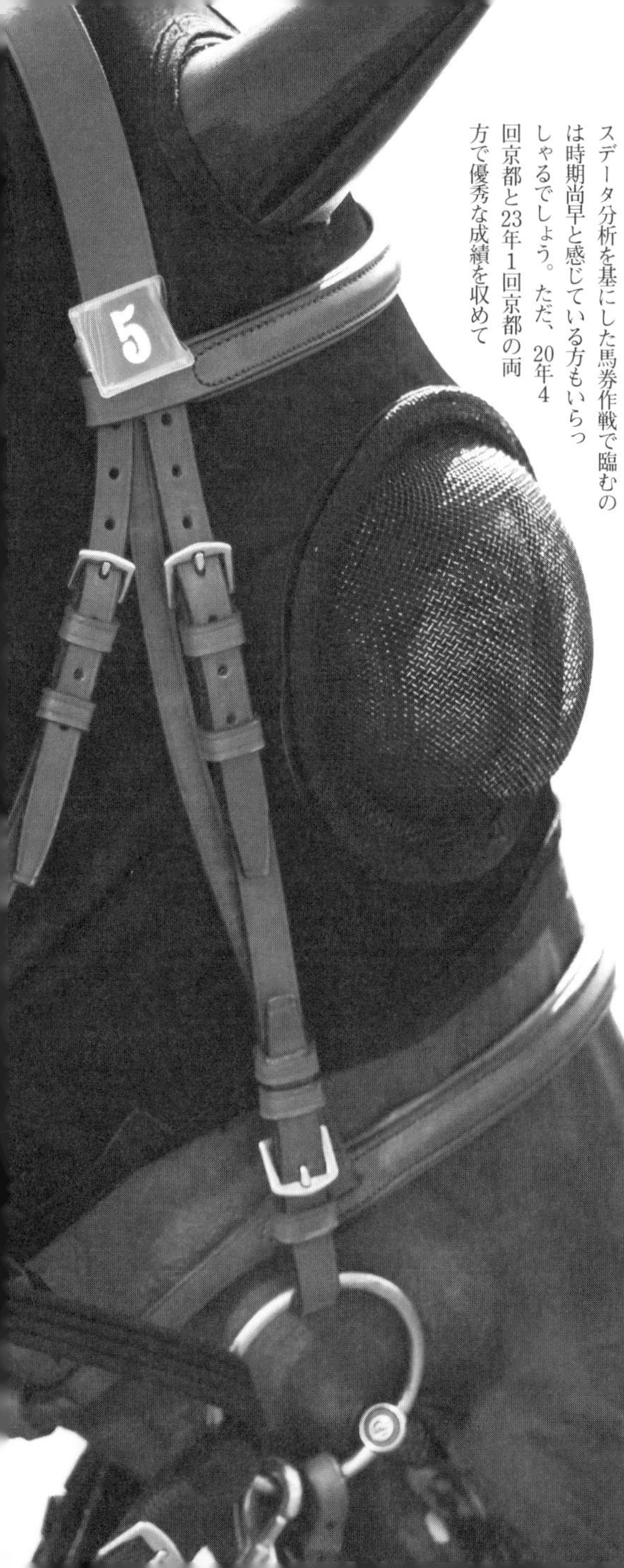

なお、皆様もご存じの通り、京都競馬場は20年4回京都の閉幕日（11月1日）をもって整備工事に伴う開催休止期間へと突入し、23年4月22日にリニューアルオープンしました。本書の集計対象と重なっている開催は20年4回京都と23年1回京都のみで、合計20日の間に２３８レースしか施行されていません。

これだけサンプルが少ないうえ、約2年半に及ぶブランクを挟んでいるわけですから、レースデータ分析を基にした馬券作戦で臨むのは時期尚早と感じている方もいらっしゃるでしょう。ただ、20年4回京都と23年1回京都の両方で優秀な成績を収めているファクターはいくつか見つかりましたし、サンプルが少ないということは、他の方に気付かれている可能性が低いということでもあります。そこで今回は、見つけた傾向の将来性も考えたうえで厳選し、4項目だけを収録しました。データの集計対象外ではあるものの、制作中に開催が進んだ4回京都の結果を見ても、この4項目は今後もそれなりに威力を発揮してくれそう。どうぞご注目ください。

本書も皆様に上手くご活用いただければ幸いです。

２０２３年11月吉日

競馬王データ特捜班

制作総指揮 伊吹雅也

ウルトラ回収率の正しい使用方法

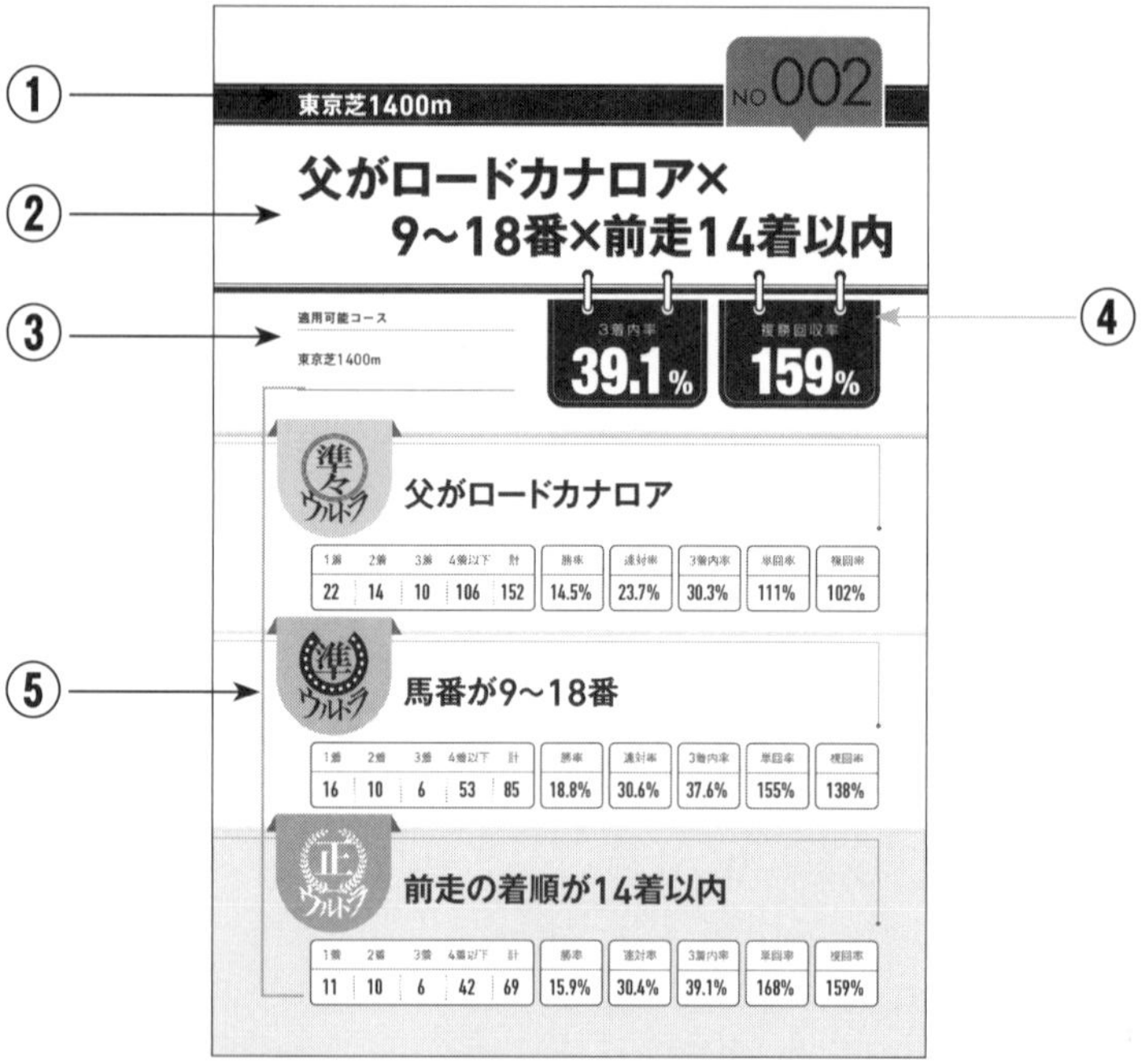

①該当コース

そのページで紹介している「正ウルトラ」の該当馬が優秀な成績をマークしているコース、すなわちデータの集計対象としたコースです。距離順で並べた際に隣接する複数コースを対象としている場合もあります。

②正ウルトラを満たす条件

正ウルトラを満たす条件を表記しています。例で取り上げている東京芝 1400m の場合、「父がロードカナロア」、かつ「馬番が 9 ～ 18 番」、かつ「前走の着順が 14 着以内」という３つの条件をクリアした馬が「正ウルトラ該当馬」となります。

③適用可能コース

適用可能コース（＝集計対象コース）を列挙しています。複数の「正ウルトラ」を適用可能なコースもありますので、前後のページについてもこの項をご確認ください。

④正ウルトラ該当馬の 3 着内率＆複勝回収率

正ウルトラの条件を満たしていた馬（過去 3 年のデータから抽出）の 3 着内率と複勝回収率を表記しています。

本書は競馬を始めたばかりの初心者の方でもすぐに使える内容になっています。
まずは予想したいレースを選び、
そのレースに該当する条件(コース)のページを開いてみて下さい。

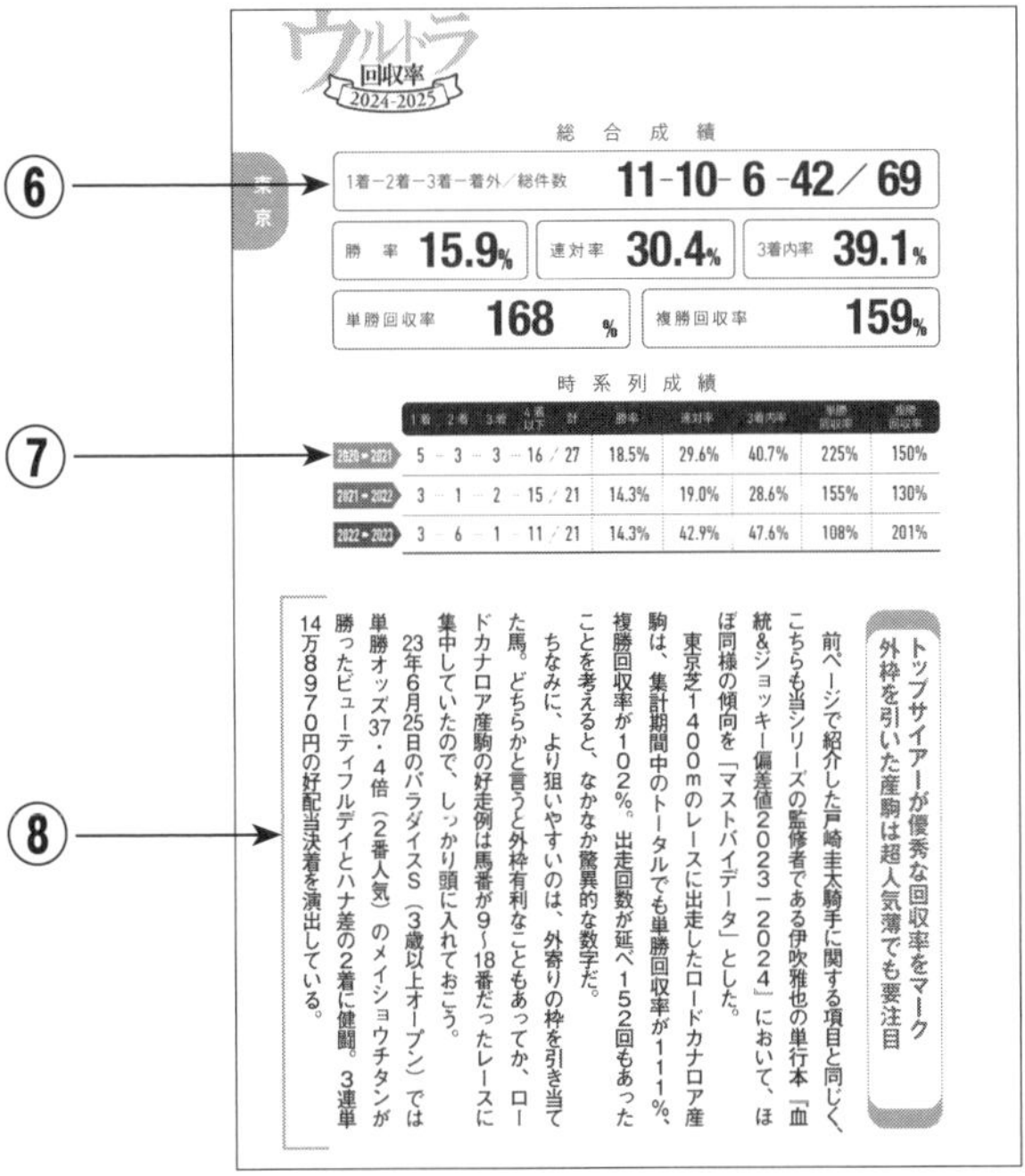

ウルトラ回収率 2024-2025

東京

総合成績

1着－2着－3着－着外／総件数 11-10-6-42／69

勝率 15.9%　連対率 30.4%　3着内率 39.1%

単勝回収率 168%　複勝回収率 159%

時系列成績

	1着	2着	3着	4着以下	計	勝率	連対率	3着内率	単勝回収率	複勝回収率
2020→2021	5	3	3	16	27	18.5%	29.6%	40.7%	225%	150%
2021→2022	3	1	2	15	21	14.3%	19.0%	28.6%	155%	130%
2022→2023	3	6	1	11	21	14.3%	42.9%	47.6%	108%	201%

トップサイアーが優秀な回収率をマーク
外枠を引いた産駒は超人気薄でも要注目

前ページで紹介した戸崎圭太騎手に関する項目と同じく、こちらも当シリーズの監修者である伊吹雅也の単行本『血統&ジョッキー偏差値２０２３－２０２４』において、ほぼ同様の傾向を「マストバイデータ」とした。

東京芝１４００ｍのレースに出走したロードカナロア産駒は、集計期間中のトータルでも単勝回収率が１１１％、複勝回収率が１０２％。出走回数が延べ１５２回もあったことを考えると、なかなか驚異的な数字だ。

ちなみに、より狙いやすいのは、外寄りの枠を引き当てた馬。どちらかと言うと外枠有利なこともあってか、ロードカナロア産駒の好走例は馬番が9～18番だったレースに集中していたので、しっかり頭に入れておこう。

23年6月25日のパラダイスＳ（3歳以上オープン）では単勝オッズ37・4倍（2番人気）のメイショウチタンが勝ったビューティフルデイとハナ差の2着に健闘。３連単14万８９７０円の好配当決着を演出している。

⑤ステップアップデータ

該当コースにおける激走条件とその条件を満たした場合の各データを表記しています。条件は４段階あり、「準々ウルトラ」→「準ウルトラ」→「正ウルトラ」→「超ウルトラ」と、多くの条件を満たしていくごとにその信頼度はアップしていきます。本書では、「正ウルトラ」の条件以上を満たした馬を推奨馬としています。

⑥総合成績

正ウルトラの条件を満たした場合の各データを詳細に表しています。

⑦時系列成績

「正ウルトラ該当馬」の成績を、期間ごとに表しています。近年、その傾向が強まっているのか、弱まっているのか、馬券を買う際のヒントにすることができます。

⑧詳細解説

その項目の趣旨や特徴をデータの数字と照らし合わせながら具体的に解説しています。同条件で激走を果たしたサンプルレースなども合わせて紹介しているので、イメージが沸きやすくなります。

CONTENTS

〈本文中のデータについて〉

●データの集計対象はJRAのレースのみ、集計期間は2020年09月12日(2020年の4回中山&2回中京開幕日)から2023年09月03日(2023年の3回新潟&3回小倉閉幕日)までの3年間としました。

●本文中における「2020～2021年」は2020年09月12日(2020年の4回中山&2回中京開幕日)から2021年09月05日(2021年の4回新潟&4回小倉閉幕日)まで、「2021～2022年」は2021年09月11日(2021年の4回中山&5回中京開幕日)から2022年09月04日(2022年の3回新潟&4回小倉閉幕日)まで、「2022～2023年」は2022年09月10日(2022年の4回中山&5回中京開幕日)から2023年09月03日(2023年の3回新潟&3回小倉閉幕日)までと定義しています。

●前走成績に関連するデータは、地方ならびに外国所属の調教師が管理する馬、前走が地方ならびに外国の競走だった馬、前走が障害競走だった馬、前走が取消ならびに除外だった馬をすべて除いて集計しました。なお、前走成績に関連しないデータの場合は、これらの馬がマークした成績も含まれています。

●個別の種牡馬に関連するデータは、国内供用時の産駒と外国供用時の産駒を分けて集計しました。例えばマジェスティックウォリアー(Dream Supremeの2005)の場合、外国供用時の産駒がマークした成績は「Majestic Warrior」産駒のものとして、国内供用時の産駒がマークした成績は「マジェスティックウォリアー」産駒のものとして、それぞれ別に集計されています。

●当該コース(もしくは「適用可能」としたコース)の集計対象レースにおける成績が"3着内数10回以上、3着内率33.3%以上、複勝回収率150%以上"であり、なおかつ集計期間中の直近一年における成績も"複勝回収率100%以上"だった条件の組み合わせを「正ウルトラ」としています。

●「適用可能」としたコースが複数ある「正ウルトラ」は、以下の4条件をすべて満たしています。
①「適用可能」としたコースが同競馬場、かつ距離順で並べた際に隣接するコース(「芝限定／ダート限定ならば距離順で並べた際に隣接」「内回り限定／外回り限定ならば距離順で並べた際に隣接」というケースを含む)のみである
②「適用可能」としたコースを合算した集計対象レースにおける成績が"3着内数10回以上、3着内率33.3%以上、複勝回収率150%以上"である
③「適用可能」とした全コースの集計対象レースにおける成績が"複勝回収率100%以上"である
④「適用可能」とした全コースの集計期間中の直近一年における成績が"複勝回収率100%以上、もしくは該当例なし"である

ウルトラ回収率
2024-2025

東京競馬場

TOKYO Race Course

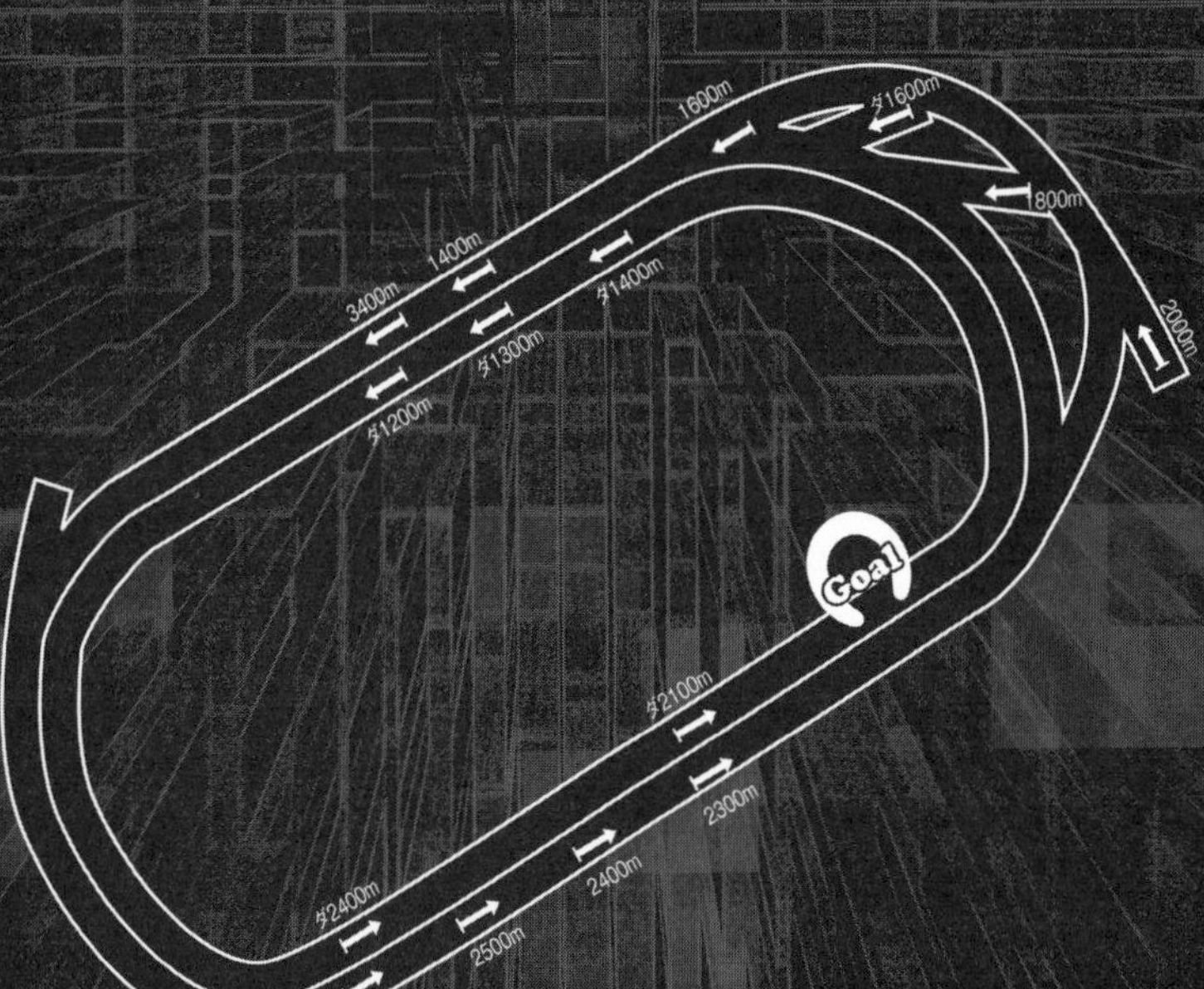

東京芝1400m

NO 001

戸崎圭太騎手×中8週以内

適用可能コース

東京芝1400m

3着内率 **53.8%**

複勝回収率 **168%**

準ウルトラ

鞍上が戸崎圭太騎手

1着	2着	3着	4着以下	計	勝率	連対率	3着内率	単回率	複回率
15	18	12	62	107	14.0%	30.8%	42.1%	92%	124%

正ウルトラ

前走との間隔が中8週以内

1着	2着	3着	4着以下	計	勝率	連対率	3着内率	単回率	複回率
13	13	9	30	65	20.0%	40.0%	53.8%	145%	168%

超ウルトラ

前走の騎手が今回と異なる騎手

1着	2着	3着	4着以下	計	勝率	連対率	3着内率	単回率	複回率
8	9	5	16	38	21.1%	44.7%	57.9%	206%	224%

総合成績

1着－2着－3着－着外／総件数	13-13-9-30／65
勝率	20.0%
連対率	40.0%
3着内率	53.8%
単勝回収率	145%
複勝回収率	168%

時系列成績

	1着	2着	3着	4着以下	計	勝率	連対率	3着内率	単勝回収率	複勝回収率
2020➡2021	2	5	2	10	19	10.5%	36.8%	47.4%	36%	151%
2021➡2022	6	5	3	11	25	24.0%	44.0%	56.0%	117%	137%
2022➡2023	5	3	4	9	21	23.8%	38.1%	57.1%	276%	220%

休養明けの馬を除けば好走率がアップ 意外と人気の盲点になりやすく狙い目

ＪＲＡのレースが施行されている全10競馬場のうち、芝、かつ１４００ｍ未満のコースが使用されていないのは、この東京競馬場だけ。芝１２００ｍ前後のレースを主戦場としている馬も多数参戦してくるせいか、この東京芝１４００ｍには独特な傾向がいろいろとある。

注目ジョッキーの筆頭格は戸崎圭太騎手。集計期間中のトータルでも３着内率が42・１％に、複勝回収率が１２４％に達しているうえ、休養明けの馬を除けばより堅実だ。ちなみに、当シリーズの監修者である伊吹雅也の単行本『血統＆ジョッキー偏差値２０２３－２０２４』でも、ほぼ同様の傾向を「マストバイデータ」として紹介済み。その後も好走例が増えているので、引き続き注目しておこう。

23年6月18日の多摩川Ｓ（３歳以上３勝クラス）でも、単勝オッズ49・３倍（12番人気）の人気薄だったヴェルトハイムを３着に導き、好配当決着を演出した。

東京芝1400m

NO 002

父がロードカナロア×9～18番×前走14着以内

適用可能コース

東京芝1400m

3着内率	複勝回収率
39.1%	159%

準々ウルトラ

父がロードカナロア

1着	2着	3着	4着以下	計	勝率	連対率	3着内率	単回率	複回率
22	14	10	106	152	14.5%	23.7%	30.3%	111%	102%

準ウルトラ

馬番が9～18番

1着	2着	3着	4着以下	計	勝率	連対率	3着内率	単回率	複回率
16	10	6	53	85	18.8%	30.6%	37.6%	155%	138%

正ウルトラ

前走の着順が14着以内

1着	2着	3着	4着以下	計	勝率	連対率	3着内率	単回率	複回率
11	10	6	42	69	15.9%	30.4%	39.1%	168%	159%

総合成績

1着−2着−3着−着外／総件数	11-10- 6 -42／ 69
勝率	15.9%
連対率	30.4%
3着内率	39.1%
単勝回収率	168%
複勝回収率	159%

時系列成績

	1着	2着	3着	4着以下	計	勝率	連対率	3着内率	単勝回収率	複勝回収率
2020▶2021	5	3	3	16	27	18.5%	29.6%	40.7%	225%	150%
2021▶2022	3	1	2	15	21	14.3%	19.0%	28.6%	155%	130%
2022▶2023	3	6	1	11	21	14.3%	42.9%	47.6%	108%	201%

トップサイアーが優秀な回収率をマーク 外枠を引いた産駒は超人気薄でも要注目

前ページで紹介した項目と同じく、こちらも伊吹雅也の単行本『血統&ジョッキー偏差値２０２３−２０２４』において、ほぼ同様の傾向を「マストバイデータ」とした。東京芝１４００ｍのレースに出走したロードカナロア産駒は、集計期間中のトータルでも単勝回収率が１１１％、複勝回収率が１０２％。出走回数が延べ１５２回もあったことを考えると、なかなか驚異的な数字だ。

ちなみに、より狙いやすいのは、外寄りの枠を引き当てた馬。どちらかと言うと外枠有利なこともあってか、ロードカナロア産駒の好走例は馬番が9〜18番だったレースに集中していたので、しっかり頭に入れておこう。

23年6月25日のパラダイスＳ（３歳以上オープン）では単勝オッズ37・4倍（２番人気）のメイショウチタンが勝ったビューティフルデイとハナ差の2着に健闘。３連単14万８９７０円の好配当決着を演出している。

8枠×前走上がり3位以内

適用可能コース

東京芝1400m

3着内率	複勝回収率
35.7%	157%

準ウルトラ

枠番が8枠

1着	2着	3着	4着以下	計	勝率	連対率	3着内率	単回率	複回率
36	30	25	283	374	9.6%	17.6%	24.3%	139%	97%

正ウルトラ

前走の上がり3ハロンタイム順位が3位以内

1着	2着	3着	4着以下	計	勝率	連対率	3着内率	単回率	複回率
10	7	8	45	70	14.3%	24.3%	35.7%	96%	157%

超ウルトラ

馬齢が3歳以下

1着	2着	3着	4着以下	計	勝率	連対率	3着内率	単回率	複回率
7	7	6	26	46	15.2%	30.4%	43.5%	110%	217%

総合成績

1着−2着−3着−着外／総件数	10- 7 - 8 -45／70

勝率	連対率	3着内率	単勝回収率	複勝回収率
14.3%	24.3%	35.7%	96%	157%

時系列成績

	1着	2着	3着	4着以下	計	勝率	連対率	3着内率	単勝回収率	複勝回収率
2020▸2021	4	3	4	12	23	17.4%	30.4%	47.8%	149%	240%
2021▸2022	3	2	0	19	24	12.5%	20.8%	20.8%	43%	48%
2022▸2023	3	2	4	14	23	13.0%	21.7%	39.1%	100%	187%

基本的に外枠有利である点がポイント
８枠を引いた差し馬は特に信頼できる

ロードカナロア産駒に関するデータを紹介した前ページでも軽く触れた通り、この東京芝１４００ｍは、どちらかと言うと外枠有利なコースである。集計期間中の全レースを対象とした枠番別成績を見ると、１〜４枠の馬が３着内率17・1%、複勝回収率55%だったのに対し、５〜８枠の馬は３着内率が22・3%、複勝回収率が97%だった。馬場のコンディションなどによってはこの差がさらに広がるので、常に意識しておきたい。

特に狙いやすいのは、８枠を引いた差し馬。枠番が８枠、かつ前走の上がり３ハロンタイム順位が３位以内だった馬は、集計期間中のトータルでも３着内率が35・７%に、複勝回収率が１５７%に達している。ゴール前の直線が長いコースと言うこともあり、末脚を活かしたいタイプにとっては、この枠こそがベストポジションだ。

ちなみに、好走例の大半を占めていたのは２〜３歳馬。世代限定のレースでは、該当馬をさらに高く評価しよう。

東京芝1600m

NO004

父がスクリーンヒーロー×前走14着以内

適用可能コース

東京芝1600m

3着内率	複勝回収率
38.2%	177%

準ウルトラ

父がスクリーンヒーロー

1着	2着	3着	4着以下	計	勝率	連対率	3着内率	単回率	複回率
6	11	10	54	81	7.4%	21.0%	33.3%	40%	155%

正ウルトラ

前走の着順が14着以内

1着	2着	3着	4着以下	計	勝率	連対率	3着内率	単回率	複回率
6	11	9	42	68	8.8%	25.0%	38.2%	48%	177%

超ウルトラ

調教師の所属が美浦

1着	2着	3着	4着以下	計	勝率	連対率	3着内率	単回率	複回率
6	11	9	39	65	9.2%	26.2%	40.0%	50%	185%

総合成績

1着－2着－3着－着外／総件数	6－11－9－42／68

勝率	連対率	3着内率
8.8%	25.0%	38.2%

単勝回収率	複勝回収率
48%	177%

時系列成績

	1着	2着	3着	4着以下	計	勝率	連対率	3着内率	単勝回収率	複勝回収率
2020▶2021	2	3	3	13	21	9.5%	23.8%	38.1%	52%	209%
2021▶2022	1	5	4	16	26	3.8%	23.1%	38.5%	19%	198%
2022▶2023	3	3	2	13	21	14.3%	28.6%	38.1%	80%	120%

ここ一年に限っても申し分のない好成績 過小評価されている産駒を見逃すな

23年2月5日の東京新聞杯（4歳以上GⅢ）を制したのは、スクリーンヒーロー産駒のウインカーネリアン。前走のマイルCSで12着に敗れたばかりだったものの、ナミュール（2着）らを相手に逃げ切り勝ちを収めた。

昨年度版『ウルトラ回収率』でも本稿とほぼ同様の傾向を紹介した通り、この東京芝1600mはスクリーンヒーロー直仔の期待値が高いコース。集計期間中のトータルでも3着内率は33・3%に、複勝回収率は155%に達している。ここから前走の着順が14着以内だった馬に絞り込むだけでも、本書の採用基準を楽々とクリア。前出のウインカーネリアンが単勝オッズ9・5倍の単勝4番人気どまりだったように、人気の盲点になりやすいところがあるので、引き続き注目しておこう。

23年1月29日の節分S（4歳以上3勝クラス）では単勝オッズ67・2倍（8番人気）の8歳馬ルーカスが2着に健闘。明確な不安要素がある馬でも侮れない。

東京芝1600m

NO005

大外枠×2歳

適用可能コース

東京芝1600m

3着内率	複勝回収率
35.1%	255%

準ウルトラ　馬番が大外

1着	2着	3着	4着以下	計	勝率	連対率	3着内率	単回率	複回率
24	12	23	152	211	11.4%	17.1%	28.0%	82%	134%

正ウルトラ　馬齢が2歳

1着	2着	3着	4着以下	計	勝率	連対率	3着内率	単回率	複回率
9	4	14	50	77	11.7%	16.9%	35.1%	85%	255%

超ウルトラ　出走頭数が10頭以上

1着	2着	3着	4着以下	計	勝率	連対率	3着内率	単回率	複回率
9	4	12	43	68	13.2%	19.1%	36.8%	97%	285%

総合成績

1着−2着−3着−着外／総件数	9-4-14-50／77
勝率	11.7%
連対率	16.9%
3着内率	35.1%
単勝回収率	85%
複勝回収率	255%

時系列成績

	1着	2着	3着	4着以下	計	勝率	連対率	3着内率	単勝回収率	複勝回収率
2020▶2021	4	0	4	19	27	14.8%	14.8%	29.6%	164%	121%
2021▶2022	1	1	6	17	25	4.0%	8.0%	32.0%	13%	282%
2022▶2023	4	3	4	14	25	16.0%	28.0%	44.0%	73%	372%

キャリアの浅い馬にとっては理想的な枠
コースの形態を考えても納得のいく傾向

東京芝１６００ｍは、向正面のもっとも深い部分からスタートするコース。レース序盤の攻防は長い直線部分が舞台となる。一般論として、こういった形態のコースは外枠有利な傾向が出がち。最初のコーナーを迎えるまでに十分な時間があるため、内枠に入るメリットが薄い。

集計期間中に施行された東京芝１６００ｍのレースを改めて集計してみたところ、大外枠に入った馬が非常に優秀な成績を収めていた。特に条件を付けずとも、３着内率は２７・３％、複勝回収率は１０６％。シチュエーションを問わず、常に押さえておいても良いくらいだ。

こうした傾向がより色濃く出ていたのは、２歳限定のレース。勝率や連対率はそれほど高くなかったものの、３着内率や複勝回収率は申し分のない高水準に達している。出走各馬のキャリアが浅いこともあって、他馬の影響をあまり受けずスムーズにレースを進められる点も追い風となるのだろう。引き続き注目しておきたい。

父がキズナ×16頭立て以下

適用可能コース

東京芝2000m

3着内率	複勝回収率
46.2%	152%

準ウルトラ

父がキズナ

1着	2着	3着	4着以下	計	勝率	連対率	3着内率	単回率	複回率
8	6	4	23	41	19.5%	34.1%	43.9%	300%	145%

正ウルトラ

出走頭数が16頭以下

1着	2着	3着	4着以下	計	勝率	連対率	3着内率	単回率	複回率
8	6	4	21	39	20.5%	35.9%	46.2%	315%	152%

超ウルトラ

馬齢が3歳以下

1着	2着	3着	4着以下	計	勝率	連対率	3着内率	単回率	複回率
6	5	3	13	27	22.2%	40.7%	51.9%	431%	201%

総合成績

1着ー2着ー3着ー着外／総件数	8-6-4-21／39
勝率	20.5%
連対率	35.9%
3着内率	46.2%
単勝回収率	315%
複勝回収率	152%

時系列成績

	1着	2着	3着	4着以下	計	勝率	連対率	3着内率	単勝回収率	複勝回収率
2020→2021	4	2	1	7	14	28.6%	42.9%	50.0%	400%	158%
2021→2022	2	0	1	3	6	33.3%	33.3%	50.0%	1018%	263%
2022→2023	2	4	2	11	19	10.5%	31.6%	42.1%	31%	113%

既に「父越え」を果たしている舞台 少頭数のレースならより狙いやすい

東京芝の全コースを対象とした集計期間中の種牡馬別成績を見ると、3着内数のトップはディープインパクト（246回）。一方、その後継種牡馬でもあるキズナ（84回）は8位にとどまっていた。キズナ産駒に対して「東京芝が得意」というイメージを持っている競馬ファンは、まだそれほど多くないかもしれない。

しかし、ディープインパクト直仔が3着内率32・4％、複勝回収率74％だったのに対し、キズナ産駒は3着内率が34・4％、複勝回収率101％。期待値の面だけでなく、実は好走率自体もキズナの方が上だ。

東京芝におけるキズナ産駒のコース別成績を確認してみると、東京芝2000mは3着内率43・9％、複勝回収率145％（3着内数18回）、東京芝2400mは3着内率35・7％、複勝回収率203％（同10回）と、より優秀な成績を収めている。東京芝2000m、かつ少頭数のレースはさらに狙い目。しっかり覚えておこう。

東京芝2300〜2400m　NO 007

父がディープインパクト系種牡馬×1〜4枠×前走馬体重440kg以上

適用可能コース

東京芝2300m・東京芝2400m

3着内率	複勝回収率
40.0%	159%

準々ウルトラ

父がディープインパクト系種牡馬

1着	2着	3着	4着以下	計	勝率	連対率	3着内率	単回率	複回率
22	30	30	170	252	8.7%	20.6%	32.5%	65%	98%

準ウルトラ

枠番が1〜4枠

1着	2着	3着	4着以下	計	勝率	連対率	3着内率	単回率	複回率
11	14	16	71	112	9.8%	22.3%	36.6%	84%	141%

正ウルトラ

前走の馬体重が440kg以上

1着	2着	3着	4着以下	計	勝率	連対率	3着内率	単回率	複回率
9	14	15	57	95	9.5%	24.2%	40.0%	76%	159%

総合成績

1着－2着－3着－着外／総件数	9－14－15－57／95

勝率	連対率	3着内率
9.5%	24.2%	40.0%

単勝回収率	複勝回収率
76%	159%

時系列成績

	1着	2着	3着	4着以下	計	勝率	連対率	3着内率	単勝回収率	複勝回収率
2020 ▸ 2021	5	2	5	21	33	15.2%	21.2%	36.4%	168%	226%
2021 ▸ 2022	4	2	6	21	33	12.1%	18.2%	36.4%	52%	59%
2022 ▸ 2023	0	10	4	15	29	0.0%	34.5%	48.3%	0%	196%

主流血脈に逆らう必要はないコース 当たり前のように好成績を収めている

東京芝２４００ｍは、日本ダービーやジャパンCといった、ＪＲＡの代表的なビッグレースが施行される舞台。番組体系の根幹をなすコースと言っても過言ではない。

そして、ディープインパクト系は現在の日本競馬界における代表的な父系のひとつ。現在も次々とトップホースを輩出し続けている、主流中の主流血脈だ。

こうした背景もあるので当然と言えば当然の話だが、ディープインパクト系種牡馬の産駒は東京芝２４００ｍのレースで非常に優秀な成績を収めている。３着内率は集計期間中のトータルでも32・4%。該当馬の数がかなり多いことを考えれば、出色の数字と言えるだろう。しかも、複勝回収率は97%。人気の盲点となっている産駒も少なくないので、これを狙わない手はない。

１００ｍ短い東京芝２３００ｍを含め、好走率や回収率がより高かったのは、内寄りの枠に入った産駒。極端に小柄な馬でなければ、素直に連軸を任せて良さそうだ。

NO008

大外枠×前走11着以内×前走4角3番手以下

適用可能コース

東京芝2400m

3着内率 **39.1%**

複勝回収率 **151%**

準々ウルトラ

馬番が大外

1着	2着	3着	4着以下	計	勝率	連対率	3着内率	単回率	複回率
11	8	12	60	91	12.1%	20.9%	34.1%	99%	120%

準ウルトラ

前走の着順が11着以内

1着	2着	3着	4着以下	計	勝率	連対率	3着内率	単回率	複回率
10	7	12	50	79	12.7%	21.5%	36.7%	112%	135%

正ウルトラ

前走の4コーナー通過順が3番手以下

1着	2着	3着	4着以下	計	勝率	連対率	3着内率	単回率	複回率
9	6	12	42	69	13.0%	21.7%	39.1%	126%	151%

総合成績

1着ー2着ー3着ー着外／総件数	9-6-12-42／69
勝率	13.0%
連対率	21.7%
3着内率	39.1%
単勝回収率	126%
複勝回収率	151%

時系列成績

	1着	2着	3着	4着以下	計	勝率	連対率	3着内率	単勝回収率	複勝回収率
2020▶2021	2	2	5	13	22	9.1%	18.2%	40.9%	31%	176%
2021▶2022	4	3	3	16	26	15.4%	26.9%	38.5%	226%	113%
2022▶2023	3	1	4	13	21	14.3%	19.0%	38.1%	100%	172%

ダービーの傾向がノイズになっている!? 大外枠の馬は好走率も回収率も高い

一時期の日本ダービーは、最内枠に入った馬の活躍が目立っていた。10年には単勝オッズ31・9倍（7番人気）のエイシンフラッシュが、19年には単勝オッズ93・1倍（12番人気）のロジャーバローズが優勝。08〜21年の14年間に限ると、該当馬の着度数は【5・3・1・5】で、３着内率64・３%、複勝回収率２４１%である。

しかし、この東京芝２４００ｍが圧倒的に内枠有利なコースなのかと言えば、決してそんなことはない。むしろ、狙いやすいのは大外枠に入った馬。集計期間中のトータルでも、３着内率は34・１%、複勝回収率は１２０%だ。もともと極端に外枠不利となるようなレイアウトではないうえ、代表的なレースのひとつである日本ダービーが前述のような傾向だったこともあり、大外枠を引いた馬はその実力を過小評価されてしまうのだろう。大敗を喫してしまった直後の馬や、先行力の高さを活かしたいタイプでさえなければ、素直に中心視して良い。

東京ダ1300m

NO009

大外枠×14頭立て以上×前走馬体重450kg以上

適用可能コース

東京ダ1300m

3着内率	複勝回収率
44.4%	177%

準々ウルトラ

馬番が大外

1着	2着	3着	4着以下	計	勝率	連対率	3着内率	単回率	複回率
6	5	10	50	71	8.5%	15.5%	29.6%	120%	110%

準ウルトラ

前走の出走頭数が14頭以上

1着	2着	3着	4着以下	計	勝率	連対率	3着内率	単回率	複回率
6	4	8	32	50	12.0%	20.0%	36.0%	171%	134%

正ウルトラ

前走の馬体重が450kg以上

1着	2着	3着	4着以下	計	勝率	連対率	3着内率	単回率	複回率
5	3	8	20	36	13.9%	22.2%	44.4%	225%	177%

総合成績

1着－2着－3着－着外／総件数	5－3－8－20／36
勝率	13.9%
連対率	22.2%
3着内率	44.4%
単勝回収率	225%
複勝回収率	177%

時系列成績

	1着－2着－3着－4着以下／計	勝率	連対率	3着内率	単勝回収率	複勝回収率
2020▸2021	2－0－2－7／11	18.2%	18.2%	36.4%	610%	167%
2021▸2022	0－1－4－7／12	0.0%	8.3%	41.7%	0%	183%
2022▸2023	3－2－2－6／13	23.1%	38.5%	53.8%	106%	180%

該当馬がとにかく人気の盲点になりがち 大きな不安要素のない馬は絶好の狙い目

趣旨がまったく異なるコースではあるものの、前ページで紹介した東京芝２４００ｍと同じく、この東京ダ１３００ｍも、大外枠に入った馬の期待値が高い。集計期間中のトータルだと、３着内率は29・6％、複勝回収率は１１０％。施行レース数が少ないことを考えれば、３着内数（21回）も及第点と言って良いだろう。ＪＲＡのレースが施行されるコースのうち、距離が１３００ｍなのはここだけ。出走各馬の適性を掴みづらい分、枠順を頼りに決め打ちしてしまうのもひとつの手だ。

好走馬の内訳を詳しく分析してみると、前走が14頭立て以上のレース、かつその前走に４５０kg以上の馬体重で出走していた馬が大半を占めている。少頭数のレースを経由してきた馬や、極端に小柄な馬でなければ、素直に信頼して良い。23年６月24日の東京３Ｒ（３歳未勝利）でも、単勝オッズ１１６・３倍（10番人気）だったグングニルが低評価を覆して２着に逃げ粘った。

父がカレンブラックヒル× 牡・セン×5歳以下

適用可能コース

東京ダ1400m

3着内率 **46.5%**

複勝回収率 **205%**

準々ウルトラ

父がカレンブラックヒル

1着	2着	3着	4着以下	計	勝率	連対率	3着内率	単回率	複回率
4	13	7	42	66	6.1%	25.8%	36.4%	101%	149%

準ウルトラ

性が牡・セン

1着	2着	3着	4着以下	計	勝率	連対率	3着内率	単回率	複回率
4	11	5	25	45	8.9%	33.3%	44.4%	149%	196%

正ウルトラ

馬齢が5歳以下

1着	2着	3着	4着以下	計	勝率	連対率	3着内率	単回率	複回率
4	11	5	23	43	9.3%	34.9%	46.5%	156%	205%

総合成績

1着－2着－3着－着外／総件数	4－11－5－23／43
勝率	9.3%
連対率	34.9%
3着内率	46.5%
単勝回収率	156%
複勝回収率	205%

時系列成績

	1着	2着	3着	4着以下	計	勝率	連対率	3着内率	単勝回収率	複勝回収率
2020▶2021	2	3	0	8	13	15.4%	38.5%	38.5%	44%	76%
2021▶2022	2	4	3	9	18	11.1%	33.3%	50.0%	341%	363%
2022▶2023	0	4	2	6	12	0.0%	33.3%	50.0%	0%	108%

東京ダの中でも特にこのコースが得意 好走例が牡馬に偏っている点も好都合

カレンブラックヒル産駒は、東京ダの全コースを対象とした集計期間中のトータルでも、３着内率が26・９％に、複勝回収率が１０５％に達している。産駒数がそれほど多くない種牡馬ではあるものの、信頼できる条件のひとつとして、頭に入れておいた方が良さそうだ。23年４月22日の東京３Ｒ（３歳未勝利・ダ２１００ｍ）では、単勝オッズ１２６・３倍（12番人気）のセイウンデイスターが２着に好走。配当的な妙味が期待できる状況であれば、押さえておくに越したことはないだろう。

もっとも、集計期間中の好走例がこの東京ダ１４００ｍに集中していたのもまた事実。特に条件を付けずとも３着内率は36・４％で、他のコースよりだいぶ高い。しかも、３着以内となった延べ24頭のうち20頭は５歳以下の牡馬。牝馬や高齢馬を除けば、好走率だけでなく回収率も申し分のない高水準だった。該当馬を見逃してしまわないよう、しっかりマークしておきたいところだ。

東京ダ1400m

NO 011

父がシニスターミニスター×牡・セン×前走13着以内

適用可能コース

東京ダ1400m

3着内率	複勝回収率
50.0%	152%

準々ウルトラ

父がシニスターミニスター

1着	2着	3着	4着以下	計	勝率	連対率	3着内率	単回率	複回率
17	12	12	73	114	14.9%	25.4%	36.0%	160%	115%

準ウルトラ

性が牡・セン

1着	2着	3着	4着以下	計	勝率	連対率	3着内率	単回率	複回率
13	10	9	39	71	18.3%	32.4%	45.1%	126%	138%

正ウルトラ

前走の着順が13着以内

1着	2着	3着	4着以下	計	勝率	連対率	3着内率	単回率	複回率
11	10	8	29	58	19.0%	36.2%	50.0%	145%	152%

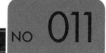

総合成績

1着－2着－3着－着外／総件数	11-10-8-29／58
勝率	19.0%
連対率	36.2%
3着内率	50.0%
単勝回収率	145%
複勝回収率	152%

時系列成績

	1着	2着	3着	4着以下	計	勝率	連対率	3着内率	単勝回収率	複勝回収率
2020▶2021	5	6	3	12	26	19.2%	42.3%	53.8%	93%	171%
2021▶2022	2	3	3	13	21	9.5%	23.8%	38.1%	50%	75%
2022▶2023	4	1	2	4	11	36.4%	45.5%	63.6%	446%	256%

好走例が多いうえに期待値も高いコース
近走成績が悪くない牡馬はより狙い目

シニスターミニスター産駒は、東京ダの全コースを対象とした集計期間中のトータルでも3着内率28・４％、複勝回収率98％。このうち東京ダ１３００ｍは3着内率14・３％、複勝回収率69％（3着内数3回）、東京ダ１６００ｍは3着内率22・９％、複勝回収率78％（同25回）といまひとつだったものの、東京ダ２１００ｍは3着内率30・０％、複勝回収率１４６％（同6回）とまずまず優秀だったうえ、東京ダ１４００ｍではさらに素晴らしい数字をマークしている。このあたりは、当シリーズの監修者である伊吹雅也の単行本『血統&ジョッキー偏差値２０２３－２０２４』でも指摘した通りだ。

東京ダ１４００ｍにおける過去三年の成績をより詳しく分析してみたところ、3着以内となった馬の大半は牡馬で、なおかつ前走の着順が13着以内だった。牝馬や大敗直後の馬を除けば、好走率も回収率も申し分のない高水準。たとえ超人気薄でも積極的に狙っていきたい。

東京ダ1600m

NO 012

父がヘニーヒューズ×中2週以内×5歳以下

適用可能コース

東京ダ1600m

3着内率	複勝回収率
42.2%	157%

準々ウルトラ

父がヘニーヒューズ

1着	2着	3着	4着以下	計	勝率	連対率	3着内率	単回率	複回率
26	27	25	149	227	11.5%	23.3%	34.4%	55%	99%

準ウルトラ

前走との間隔が中2週以内

1着	2着	3着	4着以下	計	勝率	連対率	3着内率	単回率	複回率
10	10	7	42	69	14.5%	29.0%	39.1%	66%	146%

正ウルトラ

馬齢が5歳以下

1着	2着	3着	4着以下	計	勝率	連対率	3着内率	単回率	複回率
10	10	7	37	64	15.6%	31.3%	42.2%	72%	157%

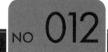

総合成績

1着－2着－3着－着外／総件数	10-10- 7 -37／64

勝率	連対率	3着内率
15.6%	31.3%	42.2%

単勝回収率	複勝回収率
72%	157%

時系列成績

	1着－2着－3着－4着以下／計	勝率	連対率	3着内率	単勝回収率	複勝回収率
2020▶2021	3－2－2－11／18	16.7%	27.8%	38.9%	173%	206%
2021▶2022	5－2－0－12／19	26.3%	36.8%	36.8%	62%	58%
2022▶2023	2－6－5－14／27	7.4%	29.6%	48.1%	11%	194%

このコースだと特に堅実な東京ダ巧者 間隔を詰めて使ってきた馬が穴になる

東京ダの全コースを対象とした集計期間中の種牡馬別成績を見ると、３着内数がもっとも多かったのはこのヘニーヒューズ（１７０回）。２位タイのシニスターミニスターとロードカナロア（各75回）にダブルスコアの差をつけた、断然のトップである。ちなみに、東京ダのヘニーヒューズ産駒は単勝回収率こそ53％どまりだったが、複勝回収率は92％と思いのほか高め。人気の盲点になってしまっていた馬は決して少なくない。

そんなヘニーヒューズ産駒の活躍が特に目立っているのは、東京ダ１６００ｍ。集計期間中のトータルでも３着内率34・４％、複勝回収率99％なのだから、無条件で連軸に指名しても良いくらいだ。なお、当シリーズの監修者である伊吹雅也の単行本『血統&ジョッキー偏差値２０２３－２０２４』にもある通り、大穴を開けた馬の大半は前走との間隔が中２週以内。使い詰めの馬ほど妙味が増すので、この点はしっかり頭に入れておこう。

東京ダ1600m

NO 013

前走阪神×4歳以下×中7週以内

適用可能コース

東京ダ1600m

3着内率	複勝回収率
36.2%	195%

準々ウルトラ

前走のコースが阪神

1着	2着	3着	4着以下	計	勝率	連対率	3着内率	単回率	複回率
14	13	15	143	185	7.6%	14.6%	22.7%	53%	103%

準ウルトラ

馬齢が4歳以下

1着	2着	3着	4着以下	計	勝率	連対率	3着内率	単回率	複回率
13	10	11	78	112	11.6%	20.5%	30.4%	83%	155%

正ウルトラ

前走との間隔が中7週以内

1着	2着	3着	4着以下	計	勝率	連対率	3着内率	単回率	複回率
10	5	10	44	69	14.5%	21.7%	36.2%	110%	195%

総合成績

1着－2着－3着－着外／総件数	10- 5 -10-44／ 69

勝率	14.5%	連対率	21.7%	3着内率	36.2%
単勝回収率	110%	複勝回収率	195%		

時系列成績

	1着－2着－3着－4着以下／計	勝率	連対率	3着内率	単勝回収率	複勝回収率
2020→2021	5－1－2－11／19	26.3%	31.6%	42.1%	273%	172%
2021→2022	2－2－5－18／27	7.4%	14.8%	33.3%	33%	165%
2022→2023	3－2－3－15／23	13.0%	21.7%	34.8%	66%	250%

過小評価されてしまいがちな臨戦過程
近走成績にはある程度目を瞑って良い

ＪＲＡのレースが施行されるコースのうち、ダート、かつ距離が１６００ｍなのは、この東京ダ１６００ｍだけ。他場の戦績からは適性を推し測りにくい舞台である。

そんな東京ダ１６００ｍで人気の盲点となりがちだったのは、前走が阪神のレースだった馬。集計期間中のトータルだと、３着内率こそ22・7％どまりだが、複勝回収率は１０３％とかなり優秀だった。阪神競馬場にはダ１６００ｍのコースが設定されていないうえ、右回りである点や、（ダートに限れば）ゴール前の直線が短めである点も、こうした傾向に影響していそう。大胆なコース替わりで一変する馬を見逃さないよう心掛けたい。

好走馬の内訳を詳しく分析してみると、そのほとんどは馬齢が４歳以下、かつ前走との間隔が中７週以内。高齢馬や休養明けの馬を除けば、好走率も回収率も申し分のない高水準に達している。たとえ近走成績が心許ない馬であっても、該当馬は強気に狙って良さそうだ。

東京ダ2100m

NO 014

大野拓弥騎手×前走8着以内×前走中央場所

適用可能コース

東京ダ2100m

3着内率 **44.1%**

複勝回収率 **155%**

準々ウルトラ

鞍上が大野拓弥騎手

1着	2着	3着	4着以下	計	勝率	連対率	3着内率	単回率	複回率
4	8	7	50	69	5.8%	17.4%	27.5%	76%	93%

準ウルトラ

前走の着順が8着以内

1着	2着	3着	4着以下	計	勝率	連対率	3着内率	単回率	複回率
3	7	6	26	42	7.1%	23.8%	38.1%	104%	131%

正ウルトラ

前走のコースが中央場所

1着	2着	3着	4着以下	計	勝率	連対率	3着内率	単回率	複回率
3	6	6	19	34	8.8%	26.5%	44.1%	128%	155%

総合成績

1着－2着－3着－着外／総件数	3 - 6 - 6 -19／ 34

勝率	8.8%	連対率	26.5%	3着内率	44.1%
単勝回収率	128%	複勝回収率	155%		

時系列成績

	1着	2着	3着	4着以下	計	勝率	連対率	3着内率	単勝回収率	複勝回収率
2020▶2021	0	2	2	7	11	0.0%	18.2%	36.4%	0%	90%
2021▶2022	2	2	2	2	8	25.0%	50.0%	75.0%	212%	157%
2022▶2023	1	2	2	10	15	6.7%	20.0%	33.3%	178%	202%

C・ルメール騎手にも見劣りしないほどの実績がある隠れた当コース巧者

集計期間中における東京ダ2100mの騎手別成績を見ると、3着内数がもっとも多かったのはC・ルメール騎手(29回)。3着内率が52・7%と非常に高かっただけでなく、複勝回収率も92%と悪くない水準だったので、今後も無理に逆らう必要はまったくなさそうだ。

そんなC・ルメール騎手よりもさらに面白い存在と言えそうなのが大野拓弥騎手。集計期間中の3着内率こそ27・5%にとどまっていたものの、複勝回収率は93%に達している。しかも、トップジョッキーであるC・ルメール騎手と違い、大野拓弥騎手が騎乗した馬の大半は近走成績がいまひとつ。前走の着順が8着以内だった馬に限ると、3着内率は38・1%、複勝回収率は131%だった。そこからさらに前走がローカル場のレースだった馬を除けば、本書の採用基準を軽々と上回るレベルの好成績。タッグを組むのが明らかに「足りない」と判断できるような馬でなければ、積極的に狙っていい。

No.013　東京芝2100m攻略

前走中山ダ2400m×前走9着以内×4～8枠

東京ダ2100m

NO 013

前走中山ダ2400m ×前走9着以内×4～8枠

適用可能コース

東京ダ2100m

複勝率	複勝回収率
40.4%	273%

準々ウルトラ

前走のコースが中山ダ2400m

1着	2着	3着	4着以下	計	勝率	連対率	複勝率	単回率	複回率
9	9	12	72	102	8.8%	17.6%	29.4%	385%	182%

準ウルトラ

前走の着順が9着以内

1着	2着	3着	4着以下	計	勝率	連対率	複勝率	単回率	複回率
8	9	10	54	81	9.9%	21.0%	33.3%	457%	203%

正ウルトラ

枠番が4～8枠

1着	2着	3着	4着以下	計	勝率	連対率	複勝率	単回率	複回率
6	7	10	34	57	10.5%	22.8%	40.4%	638%	273%

034

「正ウルトラ」馬のワンツーで馬連40倍を的中！

前作にて紹介した当コースの「正ウルトラ」が、「前走のコースが中山ダ２４００ｍ」×「前走の着順が９着以内」×「枠番が４～８枠」というもの。そもそも開催自体が少ない２０００ｍ前後のダートコースはマイナーカテゴリであるがゆえ、中山ダ２４００ｍ→東京ダ２１００ｍという臨戦過程の期待値の高さは実はあまり周知されていない。スローペース濃厚・逃げ先行が有利な中山ダ２４００ｍで上がりの脚が届かなかった馬が、東京２１００ｍのダート戦で巻き返すパターンが発生しやすいようだ。このレースでは、３つの条件をクリアした「正ウルトラ」該当馬が、見事ワンツーフィニッシュ。前走中山では苦しい競馬を強いられるも、得意の東京コースに戻って勝利した1番人気馬・セブンデイズはもちろん、前走昇級戦で善戦したにもかかわらず9番人気のセブンスレターは、低評価を覆し2着に好走。予想の難しいダート中長距離戦で、馬連40・1倍という思わぬ好配当に手が届く結果となった。

2022/10/10　東京9R

昇仙峡特別

1着　⑭セブンデイズ（1人気）　正ウルトラ該当!

2着　⑫セブンスレター（9人気）　正ウルトラ該当!

3着　⑦ディクテオン（2人気）

単勝／⑭350円　複勝／⑭140円 ⑫390円 ⑦190円　馬連／⑫⑭4,010円
馬単／⑭⑫6,330円　3連複／⑦⑫⑭7,310円　3連単／⑭⑫⑦46,380円

ウルトラ回収率
2024-2025

中山競馬場

NAKAYAMA Race Course

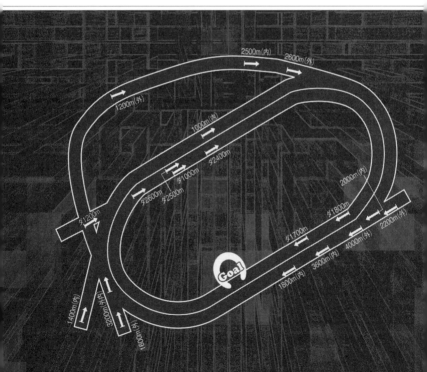

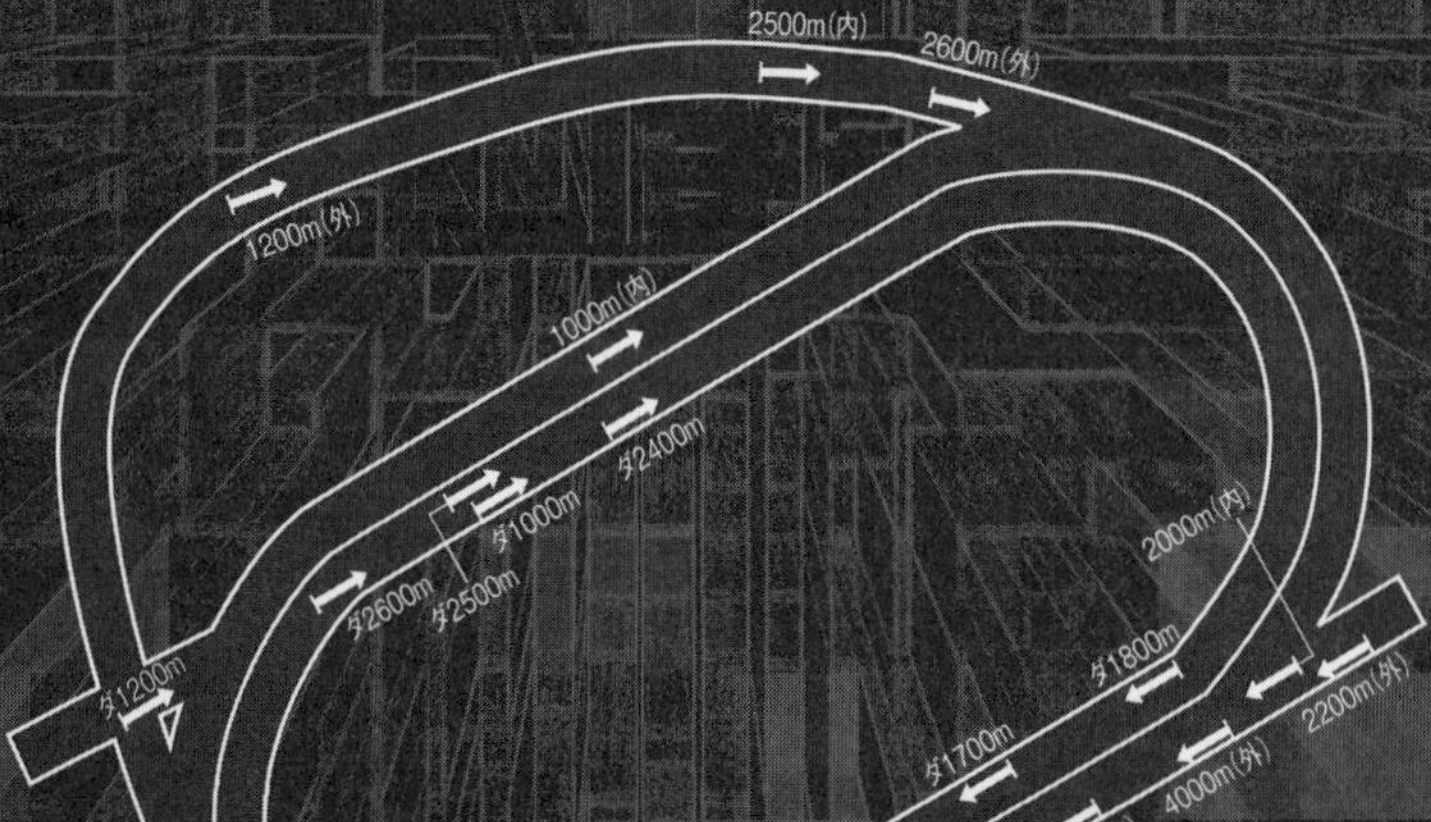

中山芝1200〜1600m

NO 015

父がディープインパクト系種牡馬×中2週以内

適用可能コース

中山芝1200m外・中山芝1600m外

3着内率	複勝回収率
34.6%	170%

準ウルトラ 父がディープインパクト系種牡馬

1着	2着	3着	4着以下	計	勝率	連対率	3着内率	単回率	複回率
66	58	62	565	751	8.8%	16.5%	24.8%	125%	105%

正ウルトラ 前走との間隔が中2週以内

1着	2着	3着	4着以下	計	勝率	連対率	3着内率	単回率	複回率
19	16	27	117	179	10.6%	19.6%	34.6%	146%	170%

超ウルトラ 馬齢が4歳以下

1着	2着	3着	4着以下	計	勝率	連対率	3着内率	単回率	複回率
17	13	25	86	141	12.1%	21.3%	39.0%	118%	185%

総合成績

1着－2着－3着－着外／総件数	19-16-27-117/179
勝率	10.6%
連対率	19.6%
3着内率	34.6%
単勝回収率	146%
複勝回収率	170%

時系列成績

	1着	2着	3着	4着以下	計	勝率	連対率	3着内率	単勝回収率	複勝回収率
2020▸2021	5	4	7	36	52	9.6%	17.3%	30.8%	257%	150%
2021▸2022	7	6	5	34	52	13.5%	25.0%	34.6%	120%	166%
2022▸2023	7	6	15	47	75	9.3%	17.3%	37.3%	88%	187%

中山芝だと全体的に期待値が高い父系 間隔を詰めて使ってきた馬は見逃せない

中山芝のレースに出走したディープインパクト系種牡馬の産駒は、集計期間中のトータルだと３着内率２５・７％、複勝回収率８８％。総出走回数が１５９２回に達していることを考えれば、まずまず優秀な数字と言えるだろう。他のページでも同様の傾向を紹介している通り、この父系を狙うべきシチュエーションはかなり多いので、どのレースでも忘れずにチェックしておきたい。

そんな中山芝の中でも特に優秀な成績を収めているのが、中山芝１２００ｍ外と中山芝１６００ｍ外である。どちらのコースも、集計期間中の回収率は単複ともに１００％超。思いのほか人気の盲点になりがちだ。しかも、ここから前走との間隔が中２週以内の馬に絞り込むだけで、本書の採用基準を楽々とクリア。ちなみに、５歳以上の高齢馬を除くと、３着内率も４割近くに達していた。コース替わりを伴うパターンなど、さまざまな状況で該当馬が穴をあけているので、今後も絶好の狙い目と見る。

中山芝1600m外

NO 016

津村明秀騎手×5歳以下×父がロベルト系以外の種牡馬

適用可能コース

中山芝1600m外

3着内率	複勝回収率
43.8%	169%

準々ウルトラ

鞍上が津村明秀騎手

1着	2着	3着	4着以下	計	勝率	連対率	3着内率	単回率	複回率
9	12	14	65	100	9.0%	21.0%	35.0%	97%	138%

準ウルトラ

馬齢が5歳以下

1着	2着	3着	4着以下	計	勝率	連対率	3着内率	単回率	複回率
8	12	13	53	86	9.3%	23.3%	38.4%	91%	148%

正ウルトラ

父がロベルト系以外の種牡馬

1着	2着	3着	4着以下	計	勝率	連対率	3着内率	単回率	複回率
8	11	13	41	73	11.0%	26.0%	43.8%	108%	169%

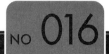

総合成績

1着－2着－3着－着外／総件数	8－11－13－41／73

勝率	連対率	3着内率	単勝回収率	複勝回収率
11.0%	26.0%	43.8%	108%	169%

時系列成績

	1着－2着－3着－4着以下／計	勝率	連対率	3着内率	単勝回収率	複勝回収率
2020▶2021	2－5－2－18／27	7.4%	25.9%	33.3%	102%	151%
2021▶2022	3－3－5－11／22	13.6%	27.3%	50.0%	170%	185%
2022▶2023	3－3－6－12／24	12.5%	25.0%	50.0%	57%	174%

当コースで狙うべきジョッキーの代表格
騎乗していたら必ずマークしておきたい

中山芝１６００ｍ外の騎手別成績を見ると、集計期間中の3着内数は戸崎圭太騎手（39回）が単独トップ。単独2位に三浦皇成騎手（36回）がつけていて、津村明秀騎手（35回）は単独3位だった。もっとも複勝回収率は戸崎圭太騎手が78%、三浦皇成騎手が１００％だったのに対し、津村明秀騎手は１３８％。上位2名と同等か、それ以上に高く評価して良いジョッキーだ。

一応の推奨条件を挙げるならば、馬齢が5歳以下、かつ父にロベルト系以外の種牡馬を持つ馬とコンビを組んだレース。この条件を付けないとギリギリで「正ウルトラ」の採用基準を下回っているのだが、集計期間中のトータルでも十分過ぎるほどの好成績をマークしているので、あまりこだわり過ぎない方が良いかもしれない。妙味あるオッズがついている状況ならば、騎乗馬が6歳以上の高齢馬であったり、ロベルト系種牡馬の産駒であったりしても、無理に嫌う必要はないだろう。

中山芝1600~1800m

NO 017

父がシルバーステート×1~7枠

適用可能コース

中山芝1600m外・中山芝1800m内

3着内率 **43.8%**

複勝回収率 **158%**

準ウルトラ

父がシルバーステート

1着	2着	3着	4着以下	計	勝率	連対率	3着内率	単回率	複回率
10	5	7	34	56	17.9%	26.8%	39.3%	139%	141%

正ウルトラ

枠番が1~7枠

1着	2着	3着	4着以下	計	勝率	連対率	3着内率	単回率	複回率
10	5	6	27	48	20.8%	31.3%	43.8%	162%	158%

超ウルトラ

調教師の所属が美浦

1着	2着	3着	4着以下	計	勝率	連対率	3着内率	単回率	複回率
9	5	6	24	44	20.5%	31.8%	45.5%	145%	165%

総合成績

1着－2着－3着－着外／総件数	10－5－6－27／48
勝率	20.8%
連対率	31.3%
3着内率	43.8%
単勝回収率	162%
複勝回収率	158%

時系列成績

	1着	2着	3着	4着以下	計	勝率	連対率	3着内率	単勝回収率	複勝回収率
2020→2021	－	－	－	－	-	-	-	-	-	-
2021→2022	1	4	3	16	24	4.2%	20.8%	33.3%	59%	142%
2022→2023	9	1	3	11	24	37.5%	41.7%	54.2%	266%	173%

極端な外枠さえ引かなければ魅力十分 デビュー戦でも迷わず買い目に加えたい

次ページで紹介している通り、中山芝１６００ｍ外と中山芝１８００ｍ内は、ディープインパクト系種牡馬の産駒を積極的に狙いたいコースである。シルバーステートもディープインパクト系種牡馬で、好走数や好走率の底上げに貢献しているのだが、こちらは付帯条件を付けない段階での成績が特に優秀。別枠としてご紹介しよう。

この2コースを使ったシルバーステート産駒は、集計期間中のトータルでも3着内率39・３%、複勝回収率１４１%。８枠を引いてしまった馬がやや苦戦していたものの、それを除くだけで「正ウルトラ」の基準とした数字を軽々と上回っている。ちなみに、好走を果たした該当馬の大半は関東馬。ただし、関西馬はまだ出走例自体が少なかったので、評価を下げる必要はないはずだ。

22年12月18日の中山５Ｒ（2歳新馬・芝１６００ｍ外）では、単勝オッズ66・９倍（10番人気）のエッセレンチが勝ち馬とアタマ差の2着に健闘した。

NO 018

父がディープインパクト系種牡馬×前走上がり3位以内×13頭立て以上

適用可能コース

中山芝1600m外・中山芝1800m内

3着内率	複勝回収率
41.3%	157%

準々ウルトラ

父がディープインパクト系種牡馬

1着	2着	3着	4着以下	計	勝率	連対率	3着内率	単回率	複回率
72	65	68	586	791	9.1%	17.3%	25.9%	105%	96%

準ウルトラ

前走の上がり3ハロンタイム順位が3位以内

1着	2着	3着	4着以下	計	勝率	連対率	3着内率	単回率	複回率
29	21	23	105	178	16.3%	28.1%	41.0%	121%	138%

正ウルトラ

出走頭数が13頭以上

1着	2着	3着	4着以下	計	勝率	連対率	3着内率	単回率	複回率
23	16	20	84	143	16.1%	27.3%	41.3%	130%	157%

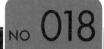

総合成績

1着−2着−3着−着外／総件数	23-16-20-84／143
勝率	16.1%
連対率	27.3%
3着内率	41.3%
単勝回収率	130%
複勝回収率	157%

時系列成績

	1着	2着	3着	4着以下	計	勝率	連対率	3着内率	単勝回収率	複勝回収率
2020▶2021	12	6	1	31	50	24.0%	36.0%	38.0%	189%	136%
2021▶2022	5	4	8	20	37	13.5%	24.3%	45.9%	187%	176%
2022▶2023	6	6	11	33	56	10.7%	21.4%	41.1%	40%	162%

なぜか人気の盲点になってしまいがち
勢いに乗っている馬は人気薄でも要注意

中山芝1600m外と中山芝1800m内のレースに出走したディープインパクト系種牡馬の産駒は、集計期間中のトータルだと3着内率25・9%、複勝回収率96%。わずかではあるが、複勝回収率が100%を下回っている。ただし、このうち前走の上がり3ハロンタイム順位が3位以内だった馬は複勝回収率138%。前走の内容が良かった差し馬は、その実力や勢いを過小評価されてしまいがちだ。当然ながら、該当馬は好走率の数字も大幅にアップ。極端に出走頭数の少ないレースでなければ、妙味ある連軸として積極的に狙っていきたい。

22年12月17日のターコイズS（3歳以上GⅢ・中山芝1600m外）では、単勝オッズ37・2倍（12番人気）のフィアスプライドが3着に食い込んだ。このフィアスプライドは今回と同じコースだった前走の秋風Sを快勝していた馬。ハンデキャップ競走であることを考えれば、人気の盲点だったと言えるだろう。

中山芝2000~2200m

NO 019

田辺裕信騎手×3歳以上×関東馬

適用可能コース

中山芝2000m内・中山芝2200m外

3着内率 **37.9%**

複勝回収率 **156%**

準々ウルトラ

鞍上が田辺裕信騎手

1着	2着	3着	4着以下	計	勝率	連対率	3着内率	単回率	複回率
15	9	10	67	101	14.9%	23.8%	33.7%	223%	124%

準ウルトラ

馬齢が3歳以上

1着	2着	3着	4着以下	計	勝率	連対率	3着内率	単回率	複回率
14	7	6	49	76	18.4%	27.6%	35.5%	287%	142%

正ウルトラ

調教師の所属が美浦

1着	2着	3着	4着以下	計	勝率	連対率	3着内率	単回率	複回率
13	7	5	41	66	19.7%	30.3%	37.9%	302%	156%

総合成績

1着－2着－3着－着外／総件数	13－7－5－41／66
勝率	19.7%
連対率	30.3%
3着内率	37.9%
単勝回収率	302%
複勝回収率	156%

時系列成績

	1着－2着－3着－4着以下／計	勝率	連対率	3着内率	単勝回収率	複勝回収率
2020▶2021	3－2－0－13／18	16.7%	27.8%	27.8%	204%	103%
2021▶2022	5－1－2－15／23	21.7%	26.1%	34.8%	264%	200%
2022▶2023	5－4－3－13／25	20.0%	36.0%	48.0%	408%	153%

得意コースでは見逃せないジョッキー
2歳馬や関西馬を除けばより信頼できる

中山芝の田辺裕信騎手は、コースごとの成績差が大きい。集計期間中のトータルだと、中山芝1200m外は3着内率44・2%、複勝回収率96%、中山芝2000m内は3着内率31・2%、複勝回収率121%、中山芝2200m外は3着内率41・7%、複勝回収率134%で、いずれも高く評価できる水準。ただし、中山芝の他コースは3着内率が25・8%に、複勝回収率が63%にとどまっていた。狙うべきシチュエーションをピンポイントで絞り込んだ方が良さそうだ。

中山芝2000m内と中山芝2200m外の2コースに限ると、より優秀な成績を収めていたのは、3歳以上の関東馬とタッグを組んだレース。好走率も回収率も、本書の採用基準を大きく上回っている。23年1月8日の中山6R（3歳新馬・芝2000m内）では、単勝オッズ40・8倍（10番人気）どまりだったオルソビアンコを優勝に導き、高額配当決着を演出した。

中山芝2000~2500m　NO020

父がモーリス×中5週以上

適用可能コース

中山芝2000m内・中山芝2200m外・
中山芝2500m内

3着内率	複勝回収率
50.0%	157%

準ウルトラ

父がモーリス

1着	2着	3着	4着以下	計	勝率	連対率	3着内率	単回率	複回率
14	10	12	58	94	14.9%	25.5%	38.3%	88%	109%

正ウルトラ

前走との間隔が中5週以上

1着	2着	3着	4着以下	計	勝率	連対率	3着内率	単回率	複回率
11	7	9	27	54	20.4%	33.3%	50.0%	133%	157%

超ウルトラ

出走頭数が17頭以下

1着	2着	3着	4着以下	計	勝率	連対率	3着内率	単回率	複回率
11	5	9	16	41	26.8%	39.0%	61.0%	175%	196%

総合成績

1着－2着－3着－着外／総件数	11－7－9－27／54

勝率	連対率	3着内率
20.4%	33.3%	50.0%

単勝回収率	複勝回収率
133%	157%

時系列成績

	1着	2着	3着	4着以下	計	勝率	連対率	3着内率	単勝回収率	複勝回収率
2020▶2021	3	1	3	10	17	17.6%	23.5%	41.2%	74%	191%
2021▶2022	3	3	2	8	16	18.8%	37.5%	50.0%	128%	120%
2022▶2023	5	3	4	9	21	23.8%	38.1%	57.1%	184%	159%

中山芝中長距離は得意条件と見て良い 支持が集まりにくい点も馬券的には◎

全体的に相性が良いディープインパクト系種牡馬を除くと、中山芝で注目するべき種牡馬の筆頭格はモーリス。すべての距離を対象とした集計期間中のトータルでも、3着内率は29・2%に、複勝回収率は103%に達している。単純に好走率が高いだけでなく、人気の盲点になりやすいので、常にマークしておきたいところだ。

特に期待値が高かったのは、中山芝2000m内、中山芝2200m外、中山芝2500m内といった、距離が比較的長いコース。父が現役時代に1マイル前後のレースを主戦場としていたこともあってか、より過小評価されやすい。なお、前走との間隔に余裕がある馬、具体的に言うと前走から中5週以上の馬は、好走率も回収率も申し分のない高水準。23年1月21日の初富士S（4歳以上3勝クラス・芝2000m内）では、単勝オッズ27・4倍（8番人気）のルドヴィクスが2着に好走した。たとえ近走成績が良くない馬でも、必ず押さえておこう。

中山芝2200m外

NO 021

父がディープインパクト系種牡馬×4歳以下×1～7枠

適用可能コース

中山芝2200m外

3着内率	複勝回収率
40.0%	154%

準々ウルトラ

父がディープインパクト系種牡馬

1着	2着	3着	4着以下	計	勝率	連対率	3着内率	単回率	複回率
14	15	8	76	113	12.4%	25.7%	32.7%	128%	112%

準々ウルトラ

馬齢が4歳以下

1着	2着	3着	4着以下	計	勝率	連対率	3着内率	単回率	複回率
11	13	7	48	79	13.9%	30.4%	39.2%	156%	145%

正ウルトラ

枠番が1～7枠

1着	2着	3着	4着以下	計	勝率	連対率	3着内率	単回率	複回率
11	10	7	42	70	15.7%	30.0%	40.0%	176%	154%

総合成績

1着－2着－3着－着外／総件数	11-10- 7 -42／70

勝率	15.7%	連対率	30.0%	3着内率	40.0%

単勝回収率	176%	複勝回収率	154%

時系列成績

	1着	2着	3着	4着以下	計	勝率	連対率	3着内率	単勝回収率	複勝回収率
2020▶2021	4	3	1	10	18	22.2%	38.9%	44.4%	322%	102%
2021▶2022	3	1	1	16	21	14.3%	19.0%	23.8%	68%	227%
2022▶2023	4	6	5	16	31	12.9%	32.3%	48.4%	165%	134%

高齢馬や８枠の馬を除けば非常に堅実
近走成績がいまひとつでも侮れない

他のページでもたびたび指摘してきたが、中山芝はディープインパクト系種牡馬の産駒が優秀な成績を収めている舞台。この中山芝２２００ｍ外も見逃せないシチュエーションのひとつで、特に条件を付けずとも３着内率は32・７%に、複勝回収率は１１２%に達していた。

より詳しく内訳を分析してみると、好走を果たした馬の大半は馬齢が４歳以下。さすがに高齢馬は期待を裏切りがちだったものの、比較的若い馬は相応に信頼できる。また、８枠に入ってしまった馬も若干ながら期待値が落ち込んでいたので、少々扱いに注意した方が良さそう。馬齢と枠順だけは事前にしっかりチェックしておきたい。

23年1月21日の中山12Ｒ（４歳以上１勝クラス）では、単勝オッズ38・８倍（10番人気）のハイエスティームが優勝を果たし、３連単14万８３６０円の好配当決着を演出した。大敗が続いてしまっているような馬であっても、コース替わりによる一変を警戒しておこう。

中山芝2500m内

NO 022

前走上がり1位×前走2着以内×前走3000m以下

適用可能コース

中山芝2500m内

3着内率 **67.6%**

複勝回収率 **156%**

準々ウルトラ

前走の上がり3ハロンタイム順位が1位

1着	2着	3着	4着以下	計	勝率	連対率	3着内率	単回率	複回率
12	6	9	26	53	22.6%	34.0%	50.9%	70%	109%

準ウルトラ

前走の着順が2着以内

1着	2着	3着	4着以下	計	勝率	連対率	3着内率	単回率	複回率
10	6	7	14	37	27.0%	43.2%	62.2%	89%	144%

正ウルトラ

前走のコースが3000m以下

1着	2着	3着	4着以下	計	勝率	連対率	3着内率	単回率	複回率
10	6	7	11	34	29.4%	47.1%	67.6%	97%	156%

総合成績

1着－2着－3着－着外／総件数	10－6－7－11／34

勝率	連対率	3着内率
29.4%	47.1%	67.6%

単勝回収率	複勝回収率
97%	156%

時系列成績

	1着－2着－3着－4着以下／計	勝率	連対率	3着内率	単勝回収率	複勝回収率
2020▶2021	5－3－4－4／16	31.3%	50.0%	75.0%	79%	209%
2021▶2022	2－2－2－4／10	20.0%	40.0%	60.0%	45%	97%
2022▶2023	3－1－1－3／8	37.5%	50.0%	62.5%	198%	126%

23年の有馬記念でも激走を期待できそう人気の盲点になっている差し馬を探せ

中山芝２５００ｍ内は、国民的行事として親しまれている有馬記念などが施行されるコース。ただし、レース数自体はそれほど多くない。本書の集計期間である過去三年を見ても、施行されたのはわずか32レースである。

数少ないサンプルを改めて分析してみると、比較的狙いやすい印象だったのは、前走で出走メンバー中1位の上がり３ハロンタイムをマークしていた馬。３着内率が50・９%と高いだけでなく、複勝回収率も１０９%に達していた。ゴール前の直線が短いコースということもあってか、近走成績の良い差し馬が過小評価されがちだ。

このうち、前走の着順が２着以内、かつ前走の距離が３０００ｍ以下だった馬は、好走率も回収率も申し分のない高水準。22年12月25日の有馬記念（３歳以上ＧⅠ）では、これらの条件に該当していたイクイノックス（１着）、ボルドグフーシュ（２着）、ジェラルディーナ（３着）がワンツースリーフィニッシュを決めている。

中山ダ1200m　NO023

横山武史騎手×前走5着以下×前走右回り

適用可能コース

中山ダ1200m

3着内率	複勝回収率
43.8%	156%

準々ウルトラ

鞍上が横山武史騎手

1着	2着	3着	4着以下	計	勝率	連対率	3着内率	単回率	複回率
25	14	26	113	178	14.0%	21.9%	36.5%	83%	93%

準ウルトラ

前走の着順が5着以下

1着	2着	3着	4着以下	計	勝率	連対率	3着内率	単回率	複回率
10	7	18	56	91	11.0%	18.7%	38.5%	109%	125%

正ウルトラ

前走のコースが右回り

1着	2着	3着	4着以下	計	勝率	連対率	3着内率	単回率	複回率
9	2	10	27	48	18.8%	22.9%	43.8%	189%	156%

総合成績

1着－2着－3着－着外／総件数	9 - 2 -10-27／48

勝率 18.8%	連対率 22.9%	3着内率 43.8%
単勝回収率 189%	複勝回収率 156%	

時系列成績

	1着	2着	3着	4着以下	計	勝率	連対率	3着内率	単勝回収率	複勝回収率
2020▶2021	1	0	4	12	17	5.9%	5.9%	29.4%	337%	215%
2021▶2022	3	0	5	4	12	25.0%	25.0%	66.7%	79%	149%
2022▶2023	5	2	1	11	19	26.3%	36.8%	42.1%	127%	107%

大敗直後の馬に騎乗したレースでも優秀な好走率をマークしている点に注目

集計期間中に施行された中山ダ１２００ｍのレースにおけるジョッキー別成績を見ると、横山武史騎手は勝利数（25勝）と3着以内数（65回）の両部門で単独トップに君臨している。しかも、複勝回収率は93％。計１７８レースに騎乗したうえでの数字ということを考えれば、なかなか優秀な水準と言って良いだろう。

ただし、既にトップジョッキーの仲間入りを果たし、注目が集まってしまいがちな存在となっているだけに、妙味があるかどうかは騎乗馬の戦績次第。さすがに前走好走馬とタッグを組んだレースは回収率が低迷していた。一方、前走の着順が5着以下だった馬に限ると、複勝回収率は１２５％までアップ。３着内率自体はほとんど変わらないので、騎乗する馬の評価が低ければ低いほど期待値は高まるのだ。左回りのレースを主戦場としてきたような、明らかにこのコースが向いていなさそうな馬でなければ、超人気薄でも躊躇うことなく狙っていきたい。

中山ダ1200〜1800m

NO 024

父がミッキーアイル×牡・セン×前走4角7番手以内

適用可能コース

中山ダ1200m・中山ダ1800m

3着内率	複勝回収率
37.0%	179%

準々ウルトラ

父がミッキーアイル

1着	2着	3着	4着以下	計	勝率	連対率	3着内率	単回率	複回率
13	15	8	76	112	11.6%	25.0%	32.1%	165%	105%

準々ウルトラ

性が牡・セン

1着	2着	3着	4着以下	計	勝率	連対率	3着内率	単回率	複回率
7	11	5	50	73	9.6%	24.7%	31.5%	231%	133%

正ウルトラ

前走の4コーナー通過順が7番手以内

1着	2着	3着	4着以下	計	勝率	連対率	3着内率	単回率	複回率
6	9	2	29	46	13.0%	32.6%	37.0%	330%	179%

総合成績

1着－2着－3着－着外／総件数	6－9－2－29／46
勝率	13.0%
連対率	32.6%
3着内率	37.0%
単勝回収率	330%
複勝回収率	179%

時系列成績

	1着－2着－3着－4着以下／計	勝率	連対率	3着内率	単勝回収率	複勝回収率
2020▶2021	1－1－0－4／6	16.7%	33.3%	33.3%	2145%	481%
2021▶2022	4－2－0－12／18	22.2%	33.3%	33.3%	61%	95%
2022▶2023	1－6－2－13／22	4.5%	31.8%	40.9%	56%	166%

牝馬や先行力が極端に低い馬を除けば 好走率も期待値も申し分のない高水準

本書の集計対象レースにおけるミッキーアイル産駒のコース別成績を見ると、中山ダ１２００ｍは３着内率24・１％、複勝回収率１０３％、中山ダ１８００ｍは３着内率51・５％、複勝回収率１１１％となっていた。どちらも期待値は高いのだが、より好走率が高いのは中山ダ１８００ｍの方。父の現役時代や、ナムラクレア、メイケイエール、ラクリスティーヌといった代表産駒から受けるイメージとは異なる、少々意外な傾向だ。

中山ダ１２００ｍと中山ダ１８００ｍの両コースに共通しているのは、牝馬よりも牡馬の活躍が目立っている点。また、当然のことではあるものの、先行力の高い馬ほど信頼できる。23年３月４日の中山７Ｒ（３歳１勝クラス・ダ１２００ｍ）では、単勝オッズ99・５倍（13番人気）のビルカールが２着に食い込み、３連単１０２万２９００円の高額配当決着を演出。今後もコース替わりで一変するパターンを警戒しておこう。

中山ダ1800m

NO025

父がエスポワールシチー×前走6着以内

適用可能コース

中山ダ1800m

3着内率 **46.5%**

複勝回収率 **270%**

準ウルトラ

父がエスポワールシチー

1着	2着	3着	4着以下	計	勝率	連対率	3着内率	単回率	複回率
11	7	6	48	72	15.3%	25.0%	33.3%	76%	171%

正ウルトラ

前走の着順が6着以内

1着	2着	3着	4着以下	計	勝率	連対率	3着内率	単回率	複回率
10	5	5	23	43	23.3%	34.9%	46.5%	111%	270%

超ウルトラ

前走の出走頭数が今回と同じ頭数か今回より多い頭数

1着	2着	3着	4着以下	計	勝率	連対率	3着内率	単回率	複回率
7	3	4	13	27	25.9%	37.0%	51.9%	83%	377%

総合成績

1着－2着－3着－着外／総件数	10－5－5－23／43

勝率	23.3%	連対率	34.9%	3着内率	46.5%
単勝回収率	111%	複勝回収率	270%		

時系列成績

	1着	2着	3着	4着以下	計	勝率	連対率	3着内率	単勝回収率	複勝回収率
2020▶2021	2	2	1	7	12	16.7%	33.3%	41.7%	40%	97%
2021▶2022	5	2	2	3	12	41.7%	58.3%	75.0%	116%	622%
2022▶2023	3	1	2	13	19	15.8%	21.1%	31.6%	153%	157%

前走好走馬の回収率が高い点に注目
人気の盲点になっている馬を見逃すな

中山ダ１８００ｍはエスポワールシチー産駒の期待値が高いコース。集計期間中のトータルでも３着内率は33・3％に、複勝回収率は１７１％に達している。しかも、上位に食い込んだ馬の大半は、前走でも６着以内に好走していた馬。当シリーズの監修者である伊吹雅也の単行本『血統＆ジョッキー偏差値２０２３－２０２４』でもまったく同じ傾向を「マストバイデータ」として紹介した通り、実力に疑問符がつく産駒までマークする必要はない。心理的にも狙いやすい種牡馬と言えそうだ。

22年12月11日の中山７Ｒ（２歳１勝クラス）では単勝オッズ１５１・７倍（13番人気）のサノノエスポが３着に食い込み、好配当決着を演出した。サノノエスポは前走で未勝利を勝ち上がったばかりの馬。その前走がローカル場のレースだった点や、２走前までは１２００ｍ以下のレースしか使っていなかった点が嫌われた格好だったので、今後も同様のパターンに注意しよう。

中山ダ1800m　NO026

父がクロフネ×1～9番×前走10着以内

適用可能コース

中山ダ1800m

3着内率 **51.1%**

複勝回収率 **177%**

準々ウルトラ

父がクロフネ

1着	2着	3着	4着以下	計	勝率	連対率	3着内率	単回率	複回率
11	12	10	71	104	10.6%	22.1%	31.7%	90%	111%

準ウルトラ

馬番が1～9番

1着	2着	3着	4着以下	計	勝率	連対率	3着内率	単回率	複回率
7	9	8	41	65	10.8%	24.6%	36.9%	106%	137%

正ウルトラ

前走の着順が10着以内

1着	2着	3着	4着以下	計	勝率	連対率	3着内率	単回率	複回率
7	8	8	22	45	15.6%	33.3%	51.1%	154%	177%

総合成績

1着－2着－3着－着外／総件数	7－8－8－22／45

勝率	連対率	3着内率
15.6%	33.3%	51.1%

単勝回収率	複勝回収率
154%	177%

時系列成績

	1着	2着	3着	4着以下	計	勝率	連対率	3着内率	単勝回収率	複勝回収率
2020▸2021	3	1	2	7	13	23.1%	30.8%	46.2%	136%	106%
2021▸2022	3	4	3	11	21	14.3%	33.3%	47.6%	220%	211%
2022▸2023	1	3	3	4	11	9.1%	36.4%	63.6%	48%	196%

このコースなら今も頼りになる存在 直仔がいなくなるまで追いかけたい

クロフネのファーストクロップは03年生まれの現20歳世代。種牡馬としてはアグネスタキオン、ステイゴールドらが「同期」にあたる。長期間に渡って活躍馬を輩出し続けており、22年にはソダシがヴィクトリアMを、23年にはママコチャがスプリンターズSを制した。ちなみに、そのママコチャを含む19年生まれがラストクロップ。24年には5歳のシーズンを迎える世代だ。

中山ダ１８００ｍは、そんなクロフネ産駒の活躍が未だに目立っているコースのひとつ。集計期間中のトータルでも3着内率は31・7％に、複勝回収率は１１１％に達している。なお、好走を果たした馬の大半は馬番が1～9番、かつ前走の着順が10着以内。極端な外枠を引いてしまった馬や、近走成績が極端に悪い馬でなければ、積極的に狙っていこう。現役の産駒がこれからどんどん減っていくとはいえ、ダ中距離は高齢になるまで活躍を続ける馬が多いカテゴリ。まだまだ目が離せない。

NO 027

父がシニスターミニスター×前走9着以内

適用可能コース

中山ダ1800m・中山ダ2400m

3着内率 44.1%

複勝回収率 158%

準ウルトラ 父がシニスターミニスター

1着	2着	3着	4着以下	計	勝率	連対率	3着内率	単回率	複回率
16	21	13	93	143	11.2%	25.9%	35.0%	117%	125%

正ウルトラ 前走の着順が9着以内

1着	2着	3着	4着以下	計	勝率	連対率	3着内率	単回率	複回率
13	18	10	52	93	14.0%	33.3%	44.1%	134%	158%

超ウルトラ 出走頭数が15頭以下

1着	2着	3着	4着以下	計	勝率	連対率	3着内率	単回率	複回率
9	7	5	17	38	23.7%	42.1%	55.3%	200%	240%

総合成績

1着－2着－3着－着外／総件数	13-18-10-52／93
勝率	14.0%
連対率	33.3%
3着内率	44.1%
単勝回収率	134%
複勝回収率	158%

時系列成績

	1着	2着	3着	4着以下	計	勝率	連対率	3着内率	単勝回収率	複勝回収率
2020►2021	6	4	2	13	25	24.0%	40.0%	48.0%	176%	126%
2021►2022	1	4	3	16	24	4.2%	20.8%	33.3%	47%	123%
2022►2023	6	10	5	23	44	13.6%	36.4%	47.7%	158%	195%

中山ダ１８００ｍで馬券に絡んだ回数がもっとも多いうえ、期待値も高い種牡馬

集計期間中に施行された中山ダ１８００ｍのレースにおける種牡馬別成績を見ると、勝利数のトップはホッコータルマエ（17勝）、2位はドゥラメンテ（16勝）で、シニスターミニスター（15勝）は3位どまりだった。もっとも、連対数（35回）と3着内数（47回）はいずれも単独トップ。しかも、単勝回収率は１１７％に、複勝回収率は１２１％に達している。少なくとも、馬券検討においてはもっとも重要な種牡馬と言って良さそうだ。

当シリーズの監修者である伊吹雅也の単行本『血統&ジョッキー偏差値２０２３－２０２４』でも「マストバイデータ」として紹介したように、中山ダ１８００ｍのシニスターミニスター産駒は、前走の着順が9着以内だった馬に限るとより堅実。相性の良い血統だからといって、極端に近走成績の悪い産駒まで押さえる必要はない。なお、回数自体はごくわずかだが、中山ダ２４００ｍでも同じ条件に該当していた馬の好走例があった。

NO 028

父か母の父が ディープインパクト系種牡馬× 4歳以下×1～15番

適用可能コース

中山ダ2400m

3着内率	複勝回収率
44.4%	152%

準々ウルトラ

父か母の父がディープインパクト系種牡馬

1着	2着	3着	4着以下	計	勝率	連対率	3着内率	単回率	複回率
5	6	6	35	52	9.6%	21.2%	32.7%	32%	100%

準ウルトラ

馬齢が4歳以下

1着	2着	3着	4着以下	計	勝率	連対率	3着内率	単回率	複回率
3	3	6	17	29	10.3%	20.7%	41.4%	22%	142%

正ウルトラ

馬番が1～15番

1着	2着	3着	4着以下	計	勝率	連対率	3着内率	単回率	複回率
3	3	6	15	27	11.1%	22.2%	44.4%	24%	152%

総合成績

1着－2着－3着－着外／総件数	3－3－6－15／27
勝率	11.1%
連対率	22.2%
3着内率	44.4%
単勝回収率	24%
複勝回収率	152%

時系列成績

	1着	2着	3着	4着以下	計	勝率	連対率	3着内率	単勝回収率	複勝回収率
2020▶2021	1	0	2	8	11	9.1%	9.1%	27.3%	20%	71%
2021▶2022	0	1	1	4	6	0.0%	16.7%	33.3%	0%	95%
2022▶2023	2	2	3	3	10	20.0%	40.0%	70.0%	42%	276%

意外と当コース適性が高い注目の父系
母の父に入っているケースも見逃せない

集計期間中に施行された中山ダ２４００ｍのレースはわずか27鞍。馬券を買えるチャンスはそう多くないが、特別競走もたびたび組まれていて、それなりに存在感のあるコースだ。集計期間中のレース結果を改めて分析してみると、父か母の父にディープインパクト系種牡馬を持つ馬は好走率や期待値が比較的高め。特に条件を付けずとも3着内率は32・7％に、複勝回収率は１００％に達している。芝向きというイメージが強い血統とはいえ、これだけの実績があるのならば狙わない手はない。

より詳しく内訳を見てみると、好走を果たした馬の大半は馬齢が４歳以下。苦戦が続いている高齢馬まで押さえる必要はないだろう。なお、本書の採用基準に合わせるべく馬番が16番の馬を「正ウルトラ」の条件から外したものの、集計期間中の該当馬はごくわずか。内寄りの枠に入った馬ほど信頼できるということはなかったので、「準ウルトラ」までクリアしていれば十分である。

前作の的中実績 2

No.023　中山ダ1200m攻略

前走馬体重520kg以上×前走上がり7位以内×前走同クラス以上

中山ダ1200m　NO 023

前走馬体重520kg以上×前走上がり7位以内

適用可能コース

中山ダ1200m

複勝率	複勝回収率
39.1%	167%

前走の馬体重が520kg以上

1着	2着	3着	4着以下	計	勝率	連対率	複勝率	単回率	複回率
19	22	18	186	245	7.8%	16.7%	24.1%	121%	104%

前走の上がり3ハロンタイム順位が7位以内

1着	2着	3着	4着以下	計	勝率	連対率	複勝率	単回率	複回率
15	16	14	70	115	13.0%	27.0%	39.1%	229%	167%

前走の条件が今回より上のクラスか今回と同じクラス

1着	2着	3着	4着以下	計	勝率	連対率	複勝率	単回率	複回率
13	13	13	52	91	14.3%	28.6%	42.9%	278%	188%

056

急坂をこなせる大型馬が「超ウルトラ」級の好走！

前作にて紹介した当コースの「超ウルトラ」は、「前走の馬体重が５２０kg以上」×「前走の上がり3ハロンタイム順位が7位以内」×「前走の条件が今回より上のクラスか今回と同じクラス」というもの。比較的早い時計が出がちで、かつラストの急坂をこなすパワーを要するこのコースは、大型馬がそのアドバンテージを活かしやすいコースだ。ということでここで狙いたいのは、「前走馬体重５２０kg以上」の大型馬。この「準ウルトラ」だけでも１００%を超える回収率を誇るが、同じクラス以上のレースで、前走上がり7位以内とそれなりのパフォーマンスを見せていた馬ならば、単勝回収率２００%超、複勝回収率１８８%という「超ウルトラ」級の好走が期待できる。当該レースでこの「超ウルトラ」該当馬だったサイクロトロンは9人気ながら2着に粘り、人気馬に食い込んだ。また同馬は、同じ舞台の次々走でも「超ウルトラ」に該当し6人気3着と、2度も結果を残している。

2023/1/15　中山10R

ジャニュアリーS

1着　③アティード（2人気）

2着　②サイクロトロン（9人気）　超ウルトラ該当!

3着　①ハコダテブショウ（1人気）

単勝／③480円　複勝／③150円 ②730円 ①140円　馬連／②③10,690円
馬単／③②16,090円　3連複／①②③6,770円　3連単／③②①60,150円

ウルトラ回収率 2024-2025

京都競馬場

KYOTO Race Course

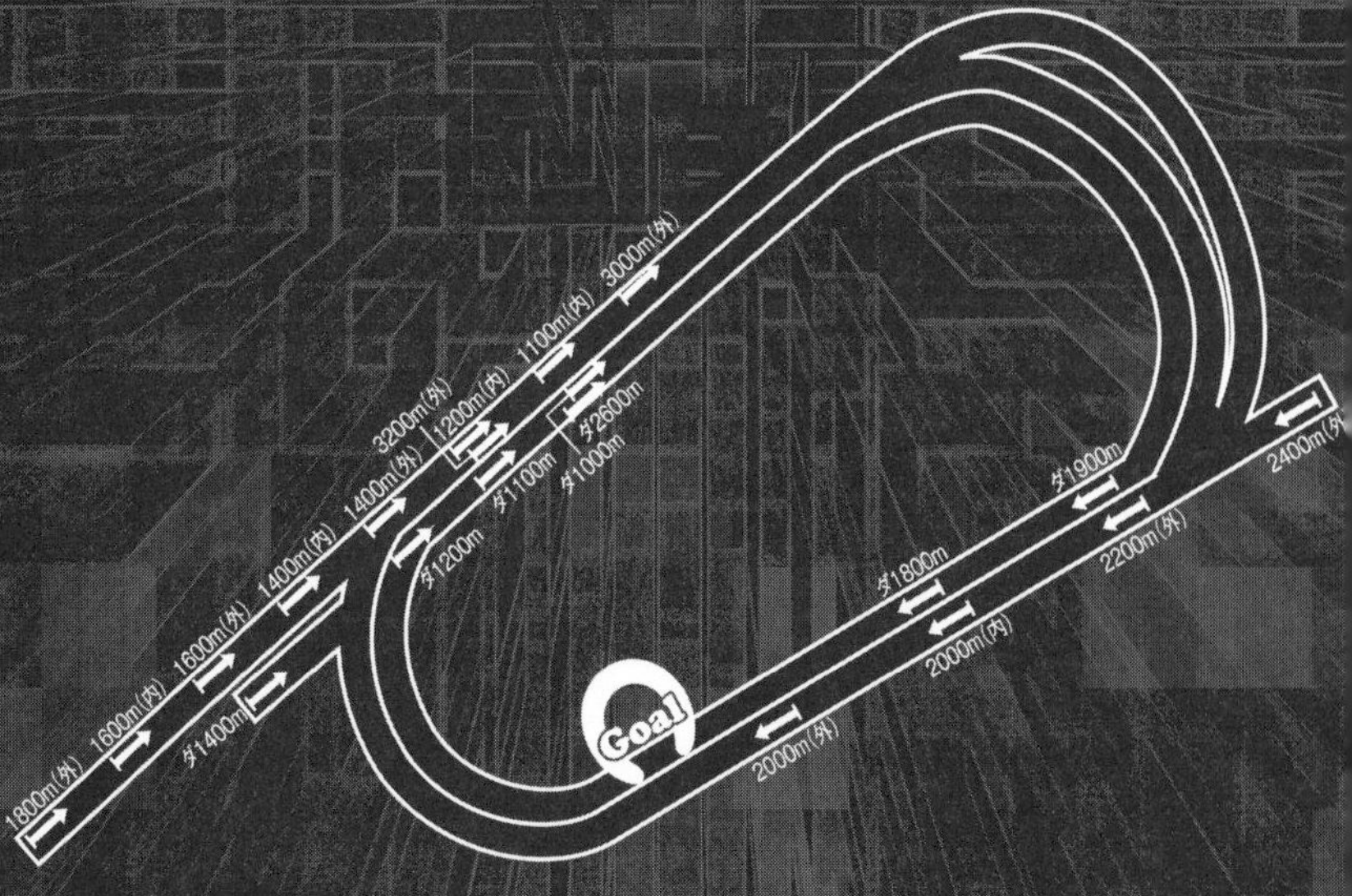

NO 029

西村淳也騎手×前走4角10番手以内

適用可能コース

京都芝1600m内・京都芝1600m外・京都芝1800m外・京都芝2000m内・京都芝2200m外

3着内率	複勝回収率
69.6%	174%

準ウルトラ 鞍上が西村淳也騎手

1着	2着	3着	4着以下	計	勝率	連対率	3着内率	単回率	複回率
3	9	4	10	26	11.5%	46.2%	61.5%	29%	154%

正ウルトラ 前走の4コーナー通過順が10番手以内

1着	2着	3着	4着以下	計	勝率	連対率	3着内率	単回率	複回率
3	9	4	7	23	13.0%	52.2%	69.6%	33%	174%

超ウルトラ 前走の着順が8着以内

1着	2着	3着	4着以下	計	勝率	連対率	3着内率	単回率	複回率
3	8	4	4	19	15.8%	57.9%	78.9%	40%	202%

総合成績

1着－2着－3着－着外／総件数	3－9－4－7／23
勝率	13.0%
連対率	52.2%
3着内率	69.6%
単勝回収率	33%
複勝回収率	174%

時系列成績

	1着	2着	3着	4着以下	計	勝率	連対率	3着内率	単勝回収率	複勝回収率
2020▸2021	-	-	-	-	-	-	-	-	-	-
2021▸2022	-	-	-	-	-	-	-	-	-	-
2022▸2023	3	9	4	7	23	13.0%	52.2%	69.6%	33%	174%

ローカル巧者のイメージは過去のもの！京都は得意コースと言って良さそう

23年が6年目のシーズンにあたる西村淳也騎手は、もともとローカル場での活躍が目立っていたジョッキー。しかし、23年は10月29日終了時点で総騎乗数のうち約50％を中央場所のレースが占めている。ローカル場での開催しかなかった期間を含んでいるので、実質的な割合はさらに大きい。ちなみに、22年はローカル場のレースが約82％を占めていた。よほどのことがない限り、今後も中央場所のレースが主戦場となりそうだ。

23年4月22日にリニューアルオープンした京都競馬場は、そんな西村淳也騎手を積極的に狙っていけそうな舞台のひとつ。23年1回京都では、ダートを含む全コースを対象としても3着内率が34・7％に、複勝回収率が１２０％に達している。京都芝１６００ｍ内・京都芝１６００ｍ外・京都芝１８００ｍ外・京都芝２０００ｍ内・京都芝２２００ｍ外の5コースは特に堅実だったので、24年の開催でもしっかりマークしておきたい。

京都芝2000m内

NO030

前走上がり4位以内×前走右回り

適用可能コース

京都芝2000m内

3着内率	複勝回収率
50.0%	198%

準ウルトラ 前走の上がり3ハロンタイム順位が4位以内

1着	2着	3着	4着以下	計	勝率	連対率	3着内率	単回率	複回率
11	8	12	40	71	15.5%	26.8%	43.7%	71%	154%

正ウルトラ 前走のコースが右回り

1着	2着	3着	4着以下	計	勝率	連対率	3着内率	単回率	複回率
8	7	7	22	44	18.2%	34.1%	50.0%	92%	198%

超ウルトラ 枠番が4～8枠

1着	2着	3着	4着以下	計	勝率	連対率	3着内率	単回率	複回率
5	6	5	12	28	17.9%	39.3%	57.1%	101%	278%

総合成績

1着－2着－3着－着外／総件数	8－7－7－22／44

勝率	連対率	3着内率
18.2%	34.1%	50.0%

単勝回収率	複勝回収率
92%	198%

時系列成績

	1着	2着	3着	4着以下	計	勝率	連対率	3着内率	単勝回収率	複勝回収率
2020▶2021	3	3	2	8	16	18.8%	37.5%	50.0%	84%	131%
2021▶2022	-	-	-	-	-	-	-	-	-	-
2022▶2023	5	4	5	14	28	17.9%	32.1%	50.0%	97%	236%

末脚を活かしたいタイプが思いのほか過小評価されている点に注意したい

20年４回京都と23年１回京都の計20レースのみを対象に導き出した傾向ではあるものの、京都芝２０００ｍ内は前走で出走メンバー中上位の上がり３ハロンタイムをマークした馬の活躍が目立っている。前走の上がり３ハロンタイム順位が４位以内だった馬は、集計期間中のトータルでも３着内率43・７％、複勝回収率１５４％。計71頭の該当馬による成績であることを考えれば、なかなか優秀な数字と言って良いだろう。なお、３着以内となった馬の大半は前走が右回りのコースだった馬。左回りのレースを主戦場としてきたような、明らかにこのコースが合わなさそうな馬でなければ、たとえ近走成績がいまひとつであっても積極的に狙っていきたい。

23年５月27日の御室特別（４歳以上２勝クラス）は、４頭いた該当馬がそのまま１〜４着を占める結果となり、３連単で45万５５６０円の高額配当が飛び出した。今後も同様の決着を警戒しておいた方が良さそうだ。

京都ダ1200～1900m

NO 031

父がヘニーヒューズ×前走4角10番手以内

適用可能コース

京都ダ1200m・京都ダ1400m
京都ダ1800m・京都ダ1900m

3着内率	複勝回収率
48.6%	170%

準ウルトラ

父がヘニーヒューズ

1着	2着	3着	4着以下	計	勝率	連対率	3着内率	単回率	複回率
8	8	5	31	52	15.4%	30.8%	40.4%	273%	143%

正ウルトラ

前走の4コーナー通過順が10番手以内

1着	2着	3着	4着以下	計	勝率	連対率	3着内率	単回率	複回率
6	7	4	18	35	17.1%	37.1%	48.6%	334%	170%

超ウルトラ

枠番が1～7枠

1着	2着	3着	4着以下	計	勝率	連対率	3着内率	単回率	複回率
6	7	4	14	31	19.4%	41.9%	54.8%	377%	192%

総合成績

1着－2着－3着－着外／総件数	6－7－4－18／35
勝率	17.1%
連対率	37.1%
3着内率	48.6%
単勝回収率	334%
複勝回収率	170%

時系列成績

	1着－2着－3着－4着以下／計	勝率	連対率	3着内率	単勝回収率	複勝回収率
2020➡2021	2－4－2－4／12	16.7%	50.0%	66.7%	103%	157%
2021➡2022	－－－－－－－／－	－	－	－	－	－
2022➡2023	4－3－2－14／23	17.4%	30.4%	39.1%	454%	177%

距離を問わない京都ダ巧者と見ていい 人気の盲点になっていたら絶好の狙い目

京都ダのレースに出走したヘニーヒューズ産駒は、20年4回京都における成績が3着内率50・0%、複勝回収率114%。約2年半の開催休止期間を挟んだ23年1回京都でも、3着内率34・4%、複勝回収率161%と素晴らしい成績を収めている。コースごとの成績にも偏りがないので、単純に京都ダが合っているようだ。

このうち前走の4コーナー通過順が10番手以内だった馬は、好走率も回収率も本書の採用基準を楽々とクリアしていた。23年5月27日の京都6R（3歳1勝クラス・ダ1400m）では、単勝オッズ91・2倍（13番人気）のニシキギミッチーが優勝を果たし、3連単49万9540円の高額配当決着を演出。このニシキギミッチーは2走前に今回と同じクラスのレースで4着に健闘していた馬なので、ヘニーヒューズ産駒のコース適性さえ把握できていれば、思いのほか簡単に手が届いたかもしれない。24年の京都開催でも積極的に狙っていこう。

父がエーピーインディ系種牡馬×4歳以下×前走9着以内

適用可能コース

京都ダ1800m

3着内率 **51.3%**

複勝回収率 **150%**

準々ウルトラ

父がエーピーインディ系種牡馬

1着	2着	3着	4着以下	計	勝率	連対率	3着内率	単回率	複回率
8	12	4	36	60	13.3%	33.3%	40.0%	79%	113%

準ウルトラ

馬齢が4歳以下

1着	2着	3着	4着以下	計	勝率	連対率	3着内率	単回率	複回率
8	12	4	28	52	15.4%	38.5%	46.2%	91%	131%

正ウルトラ

前走の着順が9着以内

1着	2着	3着	4着以下	計	勝率	連対率	3着内率	単回率	複回率
7	11	2	19	39	17.9%	46.2%	51.3%	103%	150%

総合成績

1着－2着－3着－着外／総件数	7-11-2-19／39

勝率	17.9%	連対率	46.2%	3着内率	51.3%
単勝回収率	103%	複勝回収率	150%		

時系列成績

	1着－2着－3着－4着以下／計	勝率	連対率	3着内率	単勝回収率	複勝回収率
2020▸2021	2－5－0－4／11	18.2%	63.6%	63.6%	46%	99%
2021▸2022	－－－－－－－／－	－	－	－	－	－
2022▸2023	5－6－2－15／28	17.9%	39.3%	46.4%	126%	170%

よほどの不安要素を抱えた馬でなければ超人気薄でも押さえておきたい父系

京都ダートの全コースを対象とした集計期間中のトータルでも、父にエーピーインディ系種牡馬を持つ馬は３着内率31・３%、複勝回収率98%と非常に優秀な成績をマークしている。20年４回京都と23年１回京都のみを集計対象とした数字なので、無理に絞ろうとせず片っ端から押さえておくというのもひとつの手だろう。

一応、この２開催で特に活躍が目立っていたのは、京都ダ１８００ｍ。複勝回収率が１１３%に達していたうえ、３着内率も40・０%とかなり高い。ちなみに、馬齢が５歳以上だった馬の好走例はなく、前走で10着以下に敗れていた馬も好走例はごくわずか。高齢馬や大敗を喫してしまった直後の馬は評価を下げても良さそうだ。

23年５月28日の京都７R（３歳１勝クラス）では、単勝オッズ10・８倍（５番人気）のクレメダンジュが優勝を果たした。伸びしろがありそうな馬であれば、前評判が低くても買い目の中心に据えていきたい。

本書の的中速報!!!

No.029 京都芝1600~2200m攻略

西村淳也騎手×前走4角10番手以内×前走8着以内

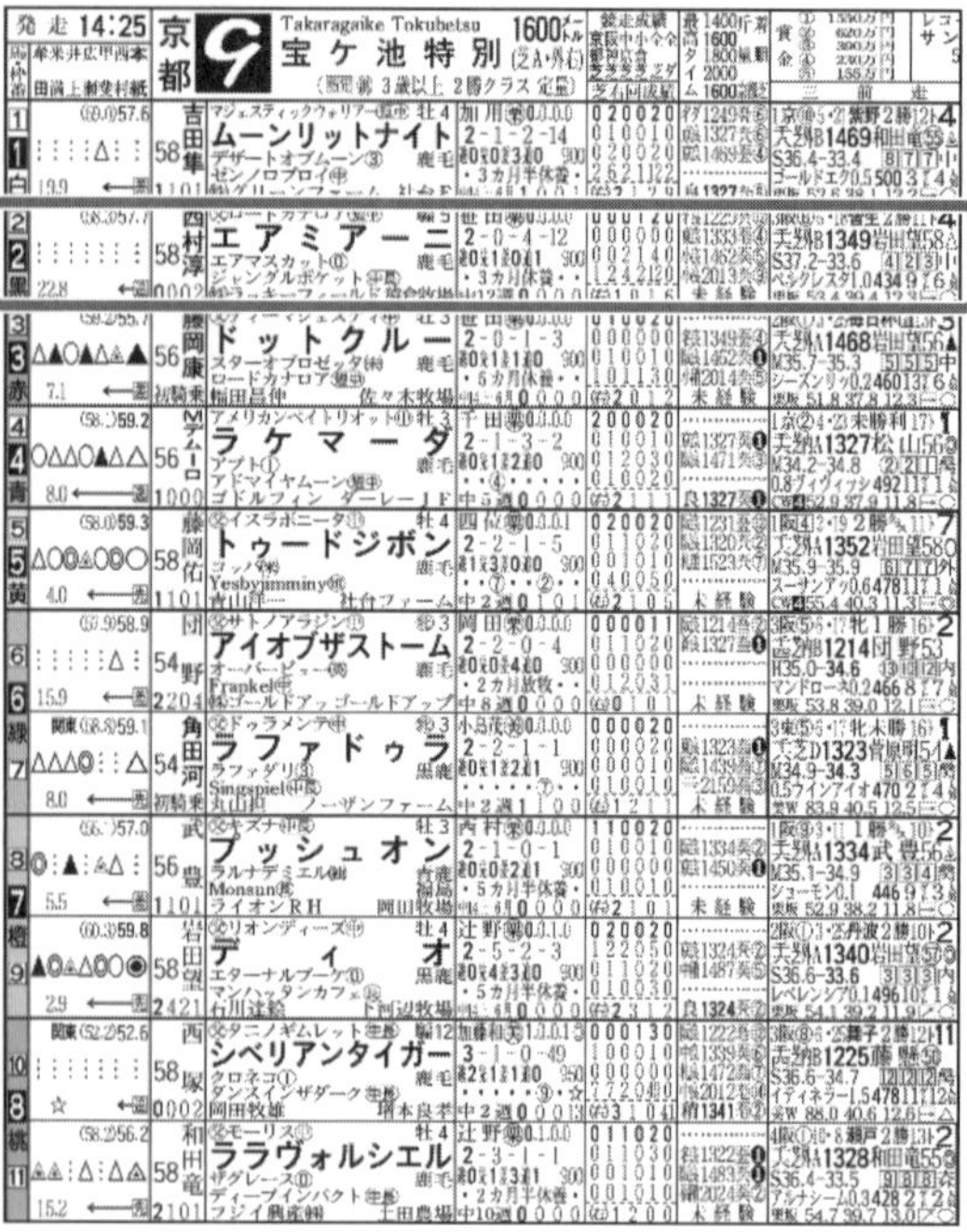

発走 14:25 京都 9 Takaragaike Tokubetsu 宝ケ池特別 1600メートル（芝A・外右）（混合）（特指） 3歳以上 2勝クラス 定量

枠	馬番	単勝	斤量	騎手	馬名	父	性齢	母	母父	成績
1白	1	19.9	58	吉田隼	ムーンリットナイト	マジェスティックウォリアー	牡4	デザートオブムーン	ゼンノロブロイ	2-1-2-14
2黒	2	22.8	58	西村淳	エアミアーニ			エアマスカット	ジャングルポケット	2-0-4-12
3赤	3	7.1	56	藤岡康	ドットクルー	ディーマジェスティ	牡3	スターオブプロゼッタ	ロードカナロア	2-0-1-3
4青	4	8.0	56	Mデムーロ	ラケマーダ	アメリカンペイトリオット	牡3	アブト	アドマイヤムーン	2-1-3-2
5黄	5	4.0	58	藤岡佑	トゥードジボン	イスラボニータ	牡4		Yesbyjimminy	2-2-1-5
6緑	6	15.9	54	団野	アイオブザストーム	サトノアラジン	牝3		Frankel	2-2-0-4
6緑	7	8.0	54	角田河	ラファドゥラ	ドゥラメンテ	牝3	ラファダリ	Singspiel	2-2-1-1
7橙	8	5.5	56	武豊	プッシュオン	キズナ	牡3	ラルナデミエル	Monsun	2-1-0-1
7橙	9	2.9	58	岩田望	ディオ	リオンディーズ	牡4	エターナルブーケ	マンハッタンカフェ	2-5-2-3
8桃	10		58	西塚	シベリアンタイガー	タニノギムレット	騸12	クロネコ	ダンスインザダーク	3-1-0-49
8桃	11	15.2	58	和田竜	ララヴォルシエル	モーリス	牡4	ザグレース	ディープインパクト	2-3-1-1

本書収録の「超ウルトラ」がさっそく発動！

23年第4回京都の宝ヶ池特別（10月7日京都9R）で、本書P68に収録した「超ウルトラ」が高配当的中に結びついたのでご紹介したい。今回収録したのが「西村淳也騎手」×「前走4角10番手以内」×「前走8着以内」という「超ウルトラ」級の馬券的期待値のある好走条件だ。京都芝1600～2200mで勝ち星上位ランクに名を連ねる騎手の回収率は総じて地味な数字に落ち着いているが、その中で100%以上の複回率があるのは西村淳也騎手のみ。同騎手はローカル場を主戦場としてきたため、まだ京都での好走イメージが浸透していないのか、それなりの追走力があり前走で大敗を喫していない馬、すなわちこの「超ウルトラ」に該当する馬ならば、78・9%を3着内に好走させている。同時に、回収率は驚異の200%超えを叩き出しているということも驚くべき事実だ。今春以降は中央場所での騎乗が明確に増えてきているので、今後さらに活躍の機会が増えそう。妙味のあるうちに狙っていきたい。

2023/10/7 京都9R

宝ケ池特別

1着 ⑤トゥードジボン（3人気）

2着 ⑨ディオ（4人気）

3着 ②エアミアーニ（10人気） 超ウルトラ該当!

単勝／⑤520円 複勝／⑤200円 ⑨180円 ②750円 馬連／⑤⑨1,360円
馬単／⑤⑨2,740円 3連複／②⑤⑨18,200円 3連単／⑤⑨②71,690円

ウルトラ回収率
2024-2025

阪神競馬場

HANSHIN Race Course

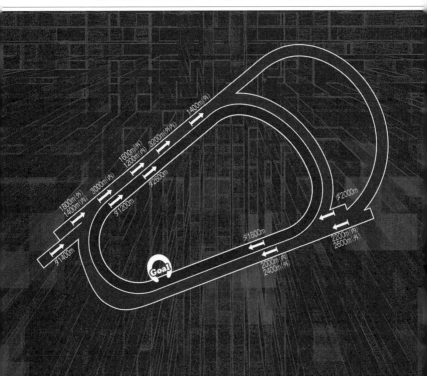

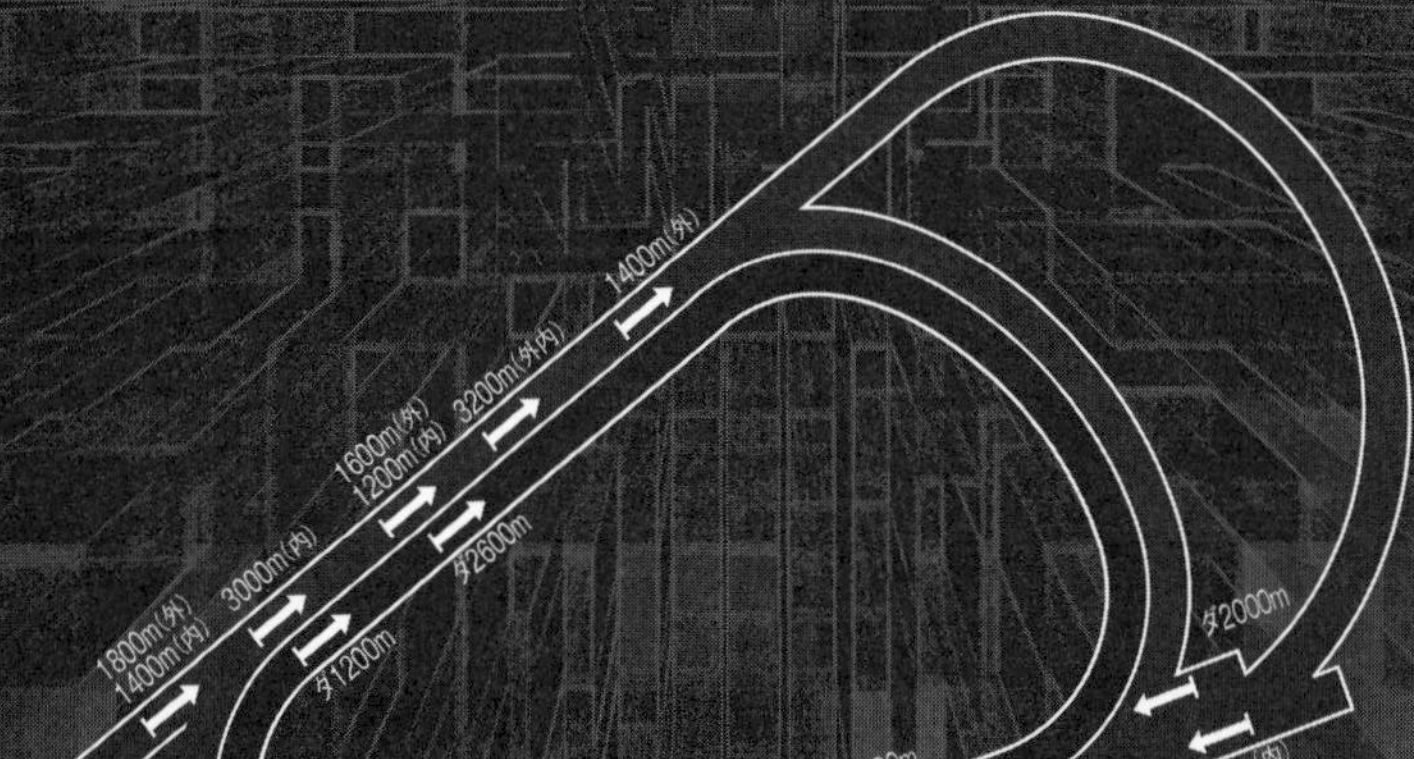

阪神芝1200~1800m　NO 033

岩田望来騎手×1~3枠×4歳以下

適用可能コース

阪神芝1200m内・阪神芝1400m内
阪神芝1600m外・阪神芝1800m外

3着内率 **49.4%**

複勝回収率 **169%**

準々ウルトラ

鞍上が岩田望来騎手

1着	2着	3着	4着以下	計	勝率	連対率	3着内率	単回率	複回率
37	36	37	188	298	12.4%	24.5%	36.9%	88%	109%

準ウルトラ

枠番が1~3枠

1着	2着	3着	4着以下	計	勝率	連対率	3着内率	単回率	複回率
17	14	16	59	106	16.0%	29.2%	44.3%	135%	150%

正ウルトラ

馬齢が4歳以下

1着	2着	3着	4着以下	計	勝率	連対率	3着内率	単回率	複回率
17	12	14	44	87	19.5%	33.3%	49.4%	165%	169%

総合成績

1着－2着－3着－着外／総件数	17-12-14-44／87
勝率	19.5%
連対率	33.3%
3着内率	49.4%
単勝回収率	165%
複勝回収率	169%

時系列成績

	1着－2着－3着－4着以下／計	勝率	連対率	3着内率	単勝回収率	複勝回収率
2020➡2021	3－1－3－13／20	15.0%	20.0%	35.0%	33%	74%
2021➡2022	6－8－4－16／34	17.6%	41.2%	52.9%	77%	166%
2022➡2023	8－3－7－15／33	24.2%	33.3%	54.5%	335%	229%

庭どころか家同然の活躍⁉
メインレースへの資金確保にもってこい！

22年には自身初となる年間100勝を達成。デビュー5年を迎えた本年は、それをも上回る勢いで勝利を量産している岩田望来騎手。「地元」阪神競馬場は、彼にとって庭同然である。いや、それどころか家同然の活躍だ。特に芝1200m～1800mにおいては、複勝回収率が100%を超えており、とりあえず彼の馬券を買っておくだけでプラス収支になってしまうのだ。

枠番が1～3枠であれば「準ウルトラ」をクリア。ただし開催後半、特に9日目以降の成績は【0・1・2・11】と、ガクッと落ちる点には注意したい。

馬齢が4歳以下だと「正ウルトラ」に格上げ。特に3歳馬は、【8・5・4・15】で複勝率が5割を超えている。該当馬は3連複やワイドの軸に抜擢したい。

「正ウルトラ」は未勝利戦、1勝クラス戦、2勝クラス戦で目立った成績を残している。メインレースの資金確保にはもってこいのデータだ。

NO 034

父がディープインパクト系種牡馬×1～3枠

適用可能コース

阪神芝1400m内

3着内率 **34.2%**

複勝回収率 **169%**

準ウルトラ 父がディープインパクト系種牡馬

1着	2着	3着	4着以下	計	勝率	連対率	3着内率	単回率	複回率
28	22	35	226	311	9.0%	16.1%	27.3%	58%	117%

正ウルトラ 枠番が1～3枠

1着	2着	3着	4着以下	計	勝率	連対率	3着内率	単回率	複回率
11	12	15	73	111	9.9%	20.7%	34.2%	77%	169%

超ウルトラ 前走の着順が9着以内

1着	2着	3着	4着以下	計	勝率	連対率	3着内率	単回率	複回率
8	7	11	38	64	12.5%	23.4%	40.6%	46%	191%

総合成績

1着−2着−3着−着外/総件数	11-12-15-73/111
勝率	9.9%
連対率	20.7%
3着内率	34.2%
単勝回収率	77%
複勝回収率	169%

時系列成績

	1着	2着	3着	4着以下	計	勝率	連対率	3着内率	単勝回収率	複勝回収率
2020▶2021	5	1	5	25	36	13.9%	16.7%	30.6%	56%	245%
2021▶2022	3	5	7	22	37	8.1%	21.6%	40.5%	74%	149%
2022▶2023	3	6	3	26	38	7.9%	23.7%	31.6%	101%	118%

ディープ2世はミッキーが1歩リード?
ちょい負け馬に妙味あり!

ディープインパクト系種牡馬といっても該当馬はたくさんいるのだが、当コースに関してはミッキーアイル産駒が激アツ。【6・3・4・20】で、回収率は単複とも100%オーバー。勝ち数でみるとディープインパクト直仔が9勝でトップだが、今後頭数が減っていく以上、ミッキーアイル産駒の独壇場になるかもしれない。

内でロスなく運んでスルスル抜け出す、これが当コースにおける1つの勝ちパターン。その競馬を敢行しやすい1~3枠に入ると、やはり確実性はUPする。反対に大外枠は【0・3・2・38】とかなり苦戦している。

集計期間内において、前走二桁着順馬の勝利はなかった。誤魔化しが効かないコースという認識で捉えるべきだろう。ただ、前走6~9着だった馬は、【3・2・6・14】と案外悪くない成績。ちょい負け馬なら巻き返せるようだ。

ちなみに単勝回収率は年々上昇中。多くの人がこの事実を知ってしまう前に、しっかり回収しておきたい。

阪神芝1600m外

NO035

最内枠×前走上がり2位以内

適用可能コース

阪神芝1600m外

3着内率 **51.2%**

複勝回収率 **165%**

準ウルトラ

馬番が1番

1着	2着	3着	4着以下	計	勝率	連対率	3着内率	単回率	複回率
13	21	26	126	186	7.0%	18.3%	32.3%	49%	101%

正ウルトラ

前走の上がり3ハロンタイム順位が2位以内

1着	2着	3着	4着以下	計	勝率	連対率	3着内率	単回率	複回率
5	10	7	21	43	11.6%	34.9%	51.2%	30%	165%

超ウルトラ

前走の出走頭数が11頭以上

1着	2着	3着	4着以下	計	勝率	連対率	3着内率	単回率	複回率
5	8	7	15	35	14.3%	37.1%	57.1%	38%	195%

総合成績

1着－2着－3着－着外／総件数	5－10－7－21／43

勝率	連対率	3着内率	単勝回収率	複勝回収率
11.6%	34.9%	51.2%	30%	165%

時系列成績

	1着	2着	3着	4着以下	計	勝率	連対率	3着内率	単勝回収率	複勝回収率
2020▶2021	2	3	1	8	14	14.3%	35.7%	42.9%	59%	90%
2021▶2022	1	5	2	6	14	7.1%	42.9%	57.1%	10%	275%
2022▶2023	2	2	4	7	15	13.3%	26.7%	53.3%	23%	132%

馬番1は「ゴイゴイスー」 前走上がりも速けりゃ「スーを差し上げます」

本頁の「準ウルトラ」は至って簡単。馬番1を買うことだ。高校野球のエースナンバーと違って、1番という数字がスゴイ！とは言い切れない競馬。しかし、阪神芝外1600mにおいては、期間内の複勝回収率が100%を超えているため、スゴイ！と言えてしまう。いや、それどころかゴイゴイスー！と表現した方が良いかもしれない。

前走の上がり順位が2位以内であれば「正ウルトラ」にパワーアップ。前走の上がりタイムが速い＝人気になりやすく、馬券妙味がイマイチと捉えられがち。しかし、本頁はその真逆を行く。3着内率は51・2%まで上昇し、複勝回収率は165%に到達。

「正ウルトラ」の条件は順位に関するもの。当然のことながら頭数が少ないと、上の順位を取ることは多頭数と比較して容易。そういった〝たまたま上の順位を取れた馬〟を除いてくれるのが「超ウルトラ」。複勝回収率は200%近くまで上昇。もはやゴイゴイスーどころではないかも。

阪神芝1800m外

NO036

父がグラスワンダー系種牡馬×牡・セン×前走13着以内

適用可能コース

阪神芝1800m外

3着内率 **59.5%**

複勝回収率 **170%**

準々ウルトラ

父がグラスワンダー系種牡馬

1着	2着	3着	4着以下	計	勝率	連対率	3着内率	単回率	複回率
13	9	7	52	81	16.0%	27.2%	35.8%	82%	105%

準ウルトラ

性が牡・セン

1着	2着	3着	4着以下	計	勝率	連対率	3着内率	単回率	複回率
10	7	5	24	46	21.7%	37.0%	47.8%	104%	136%

正ウルトラ

前走の着順が13着以内

1着	2着	3着	4着以下	計	勝率	連対率	3着内率	単回率	複回率
10	7	5	15	37	27.0%	45.9%	59.5%	130%	170%

総合成績

1着－2着－3着－着外／総件数	10- 7 - 5 -15／ 37

勝率	27.0%	連対率	45.9%	3着内率	59.5%
単勝回収率	130%	複勝回収率	170%		

時系列成績

	1着	2着	3着	4着以下	計	勝率	連対率	3着内率	単勝回収率	複勝回収率
2020▶2021	2	1	1	5	9	22.2%	33.3%	44.4%	117%	77%
2021▶2022	5	4	1	3	13	38.5%	69.2%	76.9%	176%	201%
2022▶2023	3	2	3	7	15	20.0%	33.3%	53.3%	98%	198%

名実況メーカーだったグラスワンダー
今は名馬券メーカーに

「やっぱり最後は2頭だった！」（99年有馬記念）「強いのは強い！」（同年宝塚記念）など、現役時代は名実況メーカーだったグラスワンダー。あれから20年以上たった現在、阪神芝外１８００ｍで名馬券メーカーとなっていることを皆さんはご存知だろうか。

グラスワンダー系のくくりにすると、やっぱり最後は2頭に絞られる。モーリスとスクリーンヒーローだ。「準ウルトラ」該当馬のうち、前者が【6・5・3・18】で、後者は【4・1・2・3】と、好走のほとんどを占めている。

前走時に極端に負けた馬、本頁では14着以下を外すと「正ウルトラ」になる。連対率が45・9％までＵＰするので、一躍馬券の軸候補にまで浮上する。

「正ウルトラ」該当馬は3歳重賞毎日杯でその威力を発揮。21年ルペルカーリアこそ4着に敗れたが、22年はピースオブエイトとベジャールがワンツー。23年もノッキングポイントが2着。やっぱり名馬券メーカーだ。

阪神芝2000m内

NO037

父がキズナ×1～9番

適用可能コース

阪神芝2000m内

3着内率 **41.2%**

複勝回収率 **158%**

準ウルトラ

父がキズナ

1着	2着	3着	4着以下	計	勝率	連対率	3着内率	単回率	複回率
10	11	11	57	89	11.2%	23.6%	36.0%	301%	128%

正ウルトラ

馬番が1～9番

1着	2着	3着	4着以下	計	勝率	連対率	3着内率	単回率	複回率
10	9	9	40	68	14.7%	27.9%	41.2%	394%	158%

超ウルトラ

前走の着順が8着以内

1着	2着	3着	4着以下	計	勝率	連対率	3着内率	単回率	複回率
9	7	7	26	49	18.4%	32.7%	46.9%	505%	192%

総合成績

1着ー2着ー3着ー着外／総件数	10-9-9-40／68

勝率	14.7%	連対率	27.9%	3着内率	41.2%

単勝回収率	394%	複勝回収率	158%

時系列成績

	1着	2着	3着	4着以下	計	勝率	連対率	3着内率	単勝回収率	複勝回収率
2020▸2021	3	3	3	12	21	14.3%	28.6%	42.9%	160%	105%
2021▸2022	2	3	2	13	20	10.0%	25.0%	35.0%	42%	89%
2022▸2023	5	3	4	15	27	18.5%	29.6%	44.4%	836%	251%

馬場も万能、クラスも万能
優等生キズナ産駒でひともうけ！

瞬発力よりもタフさが重要な阪神芝2000m。そのようなコース形態を得意とするキズナ産駒が猛威を振るっている。補足事項は馬場状態について。稍重【2・1・2・7】、重【0・1・1・2】と、馬場が渋っても最低限の仕事をしてくれるのがキズナ産駒の良い所だ。

集計期間内において、同コースでは二桁馬番馬の成績が思わしくない。内でロスの無い競馬をした馬に大きなアドバンテージがあるようだ。「正ウルトラ」の条件が馬番1~9番である理由は、その影響を大きく受けていると捉えていただきたい。

「超ウルトラ」は、重賞を除く幅広いクラスで好走馬を輩出。特に1勝クラス戦では【3・1・1・8】と高い水準で安定。また、オークスに向けた重要なステップレース、忘れな草賞でも奮闘。21年ステラリア、23年グランベルナデットはともに「超ウルトラ」に該当して同レースで勝利を挙げた。万能キズナ産駒でひと儲けしたいところ。

父がダンジグ系種牡馬×牡・セン×前走11着以内

適用可能コース

阪神芝2000m内

3着内率	複勝回収率
47.9%	151%

準々ウルトラ

父がダンジグ系種牡馬

1着	2着	3着	4着以下	計	勝率	連対率	3着内率	単回率	複回率
5	7	20	71	103	4.9%	11.7%	31.1%	38%	111%

準ウルトラ

性が牡・セン

1着	2着	3着	4着以下	計	勝率	連対率	3着内率	単回率	複回率
3	6	17	38	64	4.7%	14.1%	40.6%	28%	132%

正ウルトラ

前走の着順が11着以内

1着	2着	3着	4着以下	計	勝率	連対率	3着内率	単回率	複回率
2	6	15	25	48	4.2%	16.7%	47.9%	22%	151%

総合成績

1着－2着－3着－着外／総件数	2－6－15－25／48
勝率	4.2%
連対率	16.7%
3着内率	47.9%
単勝回収率	22%
複勝回収率	151%

時系列成績

	1着	2着	3着	4着以下	計	勝率	連対率	3着内率	単勝回収率	複勝回収率
2020▶2021	0	0	4	5	9	0.0%	0.0%	44.4%	0%	144%
2021▶2022	0	2	4	9	15	0.0%	13.3%	40.0%	0%	158%
2022▶2023	2	4	7	11	24	8.3%	25.0%	54.2%	45%	149%

「単三」馬券が思わず欲しくなる? ダンジグ系と阪神芝2000mの不思議な関係

前頁ではキズナ産駒について述べたが、本頁ではダンジグ系と阪神芝2000mの相性について取り上げる。同系統では出走数の多いハービンジャー産駒が飛び抜けて良い成績を残していて、その戦績は【4・4・19・59】。興味深いのは3着数の多さだ。あまりにも多すぎるので、「単勝」ならぬ「単三」という馬券を発売して欲しくなる。

牝馬の成績は【2・1・3・33】と極端に悪い。これを外すことで確実性がジワっと上昇。それを示しているのが「準ウルトラ」だ。

前走着順が11着以内であれば「正ウルトラ」になる。勝率はお世辞にも高いとは言えない数字なので、「単三」馬券…、失礼。ワイドや3連複の軸にもってこいである。

正直なところ、勝ち馬の予想には向いていないかもしれない。しかし、3着になる馬をピタリと予想できる。ダンジグ系と阪神芝2000mは、いとも不思議な関係で結ばれているようだ。

阪神芝2400m外

NO039

前走同コース×中5週以内

適用可能コース

阪神芝2400m外

3着内率 **62.1%**

複勝回収率 **164%**

準ウルトラ

前走のコースが阪神芝2400m外

1着	2着	3着	4着以下	計	勝率	連対率	3着内率	単回率	複回率
8	4	9	18	39	20.5%	30.8%	53.8%	58%	130%

正ウルトラ

前走との間隔が中5週以内

1着	2着	3着	4着以下	計	勝率	連対率	3着内率	単回率	複回率
7	3	8	11	29	24.1%	34.5%	62.1%	73%	164%

超ウルトラ

出走頭数が13頭以下

1着	2着	3着	4着以下	計	勝率	連対率	3着内率	単回率	複回率
7	3	6	5	21	33.3%	47.6%	76.2%	101%	213%

総合成績

1着－2着－3着－着外／総件数	7－3－8－11／29
勝率	24.1%
連対率	34.5%
3着内率	62.1%
単勝回収率	73%
複勝回収率	164%

時系列成績

	1着	2着	3着	4着以下	計	勝率	連対率	3着内率	単勝回収率	複勝回収率
2020▶2021	1	1	1	2	5	20.0%	40.0%	60.0%	112%	126%
2021▶2022	2	0	4	5	11	18.2%	18.2%	54.5%	35%	96%
2022▶2023	4	2	3	4	13	30.8%	46.2%	69.2%	91%	236%

時代の真逆を貫く パーフェクトボディーな馬に注目

そろそろ阪神芝2400mでGIレースが行われても良いのに。という投稿をたまにX（旧Twitter）で見かける。言われてみれば確かにそう。広いコースで、急坂もある。何かしらの王者を決めるにはもってこいではないだろうか。王道なのに影が薄いこのコースでは、前走も同コースを経験した馬が奮闘。なんと3着内率は5割を超えている。

ゆとりあるローテーションがトレンドである最近の競馬。もはやGIでは、出走表をみると休み明けの馬がほとんどを占める時代だ。本頁のデータはその真逆を貫く。それを示しているのが「正ウルトラ」。中5週以内だと、好走する確実性がアップするのである。

「超ウルトラ」の3着内率は7割を超えているため、これでも十分なのだが、もうひとスパイス加えてみる。「超ウルトラ」該当馬のうち、前走上がり順位が1位の場合、【3・0・3・0】と馬券圏外はゼロ。休養に入らず、速い上がりを使えるパーフェクトボディーな馬に注目だ。

阪神芝2400～3200m

NO 040

父がキズナ× 牡・セン×5歳以下

3着内率 **58.3%**

複勝回収率 **153%**

適用可能コース

阪神芝2400m外・阪神芝2600m外
阪神芝3000m内・阪神芝3200m外内

準々ウルトラ

父がキズナ

1着	2着	3着	4着以下	計	勝率	連対率	3着内率	単回率	複回率
8	4	3	16	31	25.8%	38.7%	48.4%	138%	122%

準ウルトラ

性が牡・セン

1着	2着	3着	4着以下	計	勝率	連対率	3着内率	単回率	複回率
8	4	2	13	27	29.6%	44.4%	51.9%	158%	136%

正ウルトラ

馬齢が5歳以下

1着	2着	3着	4着以下	計	勝率	連対率	3着内率	単回率	複回率
8	4	2	10	24	33.3%	50.0%	58.3%	178%	153%

総合成績

1着－2着－3着－着外／総件数	8－4－2－10／24

勝率	33.3%	連対率	50.0%	3着内率	58.3%
単勝回収率	178%	複勝回収率	153%		

時系列成績

	1着	2着	3着	4着以下	計	勝率	連対率	3着内率	単勝回収率	複勝回収率
2020▶2021	1	1	1	5	8	12.5%	25.0%	37.5%	128%	141%
2021▶2022	3	1	0	3	7	42.9%	57.1%	57.1%	251%	135%
2022▶2023	4	2	1	2	9	44.4%	66.7%	77.8%	166%	177%

阪神大賞典ではこの父を買え！
成長途上の３歳馬にも魅力あり

キズナ産駒×阪神芝中長距離という条件設定でピンときた人も多いだろうが、ディープボンドが「正ウルトラ」に４回該当して【２・２・０・０】と好走している。なお、23年の神戸新聞杯（GⅡ）で10番人気２着に激走したサヴォーナも同父産駒の３歳牡馬。惜しくもこれは集計期間外だったが、重賞など上級条件でも「正ウルトラ」効果を発揮することは明らかだ。

アカイイトやファインルージュ、ステラリアの活躍から、キズナ産駒の牝馬は成長力に富んでいて、３歳秋以降にもう一段階成長するとされている。ただ、今回の集計では若い馬にも期待しているので、二段階目の成長はあまり重要ではない。３０００ｍ級のレースはそもそも絶対数が少ないので、「正ウルトラ」を狙い撃ちしたいのは３歳春の阪神芝２４００ｍ戦となる。ゆきやなぎ賞やアザレア賞、もしくは未勝利戦に参戦するキズナ産駒を、適性が世間に明らかになる前のおいしい状態で収穫したい。

阪神ダ1200m

NO 041

前走新潟ダ1200m×関西馬×牡・セン

適用可能コース

阪神ダ1200m

3着内率 **39.1%**

複勝回収率 **155%**

準々ウルトラ

前走のコースが新潟ダ1200m

1着	2着	3着	4着以下	計	勝率	連対率	3着内率	単回率	複回率
8	14	12	87	121	6.6%	18.2%	28.1%	47%	103%

準ウルトラ

調教師の所属が栗東

1着	2着	3着	4着以下	計	勝率	連対率	3着内率	単回率	複回率
8	14	12	76	110	7.3%	20.0%	30.9%	52%	114%

正ウルトラ

性が牡・セン

1着	2着	3着	4着以下	計	勝率	連対率	3着内率	単回率	複回率
7	10	10	42	69	10.1%	24.6%	39.1%	75%	155%

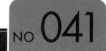

総合成績

1着ー2着ー3着ー着外／総件数	7-10-10-42／69
勝率	10.1%
連対率	24.6%
3着内率	39.1%
単勝回収率	75%
複勝回収率	155%

時系列成績

	1着	2着	3着	4着以下	計	勝率	連対率	3着内率	単勝回収率	複勝回収率
2020▶2021	2	4	3	16	25	8.0%	24.0%	36.0%	67%	159%
2021▶2022	1	5	6	13	25	4.0%	24.0%	48.0%	25%	170%
2022▶2023	4	1	1	13	19	21.1%	26.3%	31.6%	152%	130%

逆張り思考も悪くない 狙うは阪神ダート巧者の巻き返し

「準々ウルトラ」から1頭も好走例がなかった関東馬を除いたのが「準ウルトラ」で、それを牡馬セン馬に限定したものが「正ウルトラ」となる。なお、ここではセン馬も含めているが、セン馬の着度数は【０・０・０・６】だったので去勢前の方が買いやすそうではある。

しかしながら、これは結構意外な結果。ローカル競馬場の集計で「前走のコースが阪神ダート１２００ｍ」と条件設定がなされるように、基本的にダートでは阪神（関西）組のメンバーレベルが高く、関東やローカルでは低くなるのが普通だ。当集計ではそれの真逆のことをしているので、回収率が高くなるのは不思議に思える。

目立ったのは下級条件よりも2勝クラス以上での好走。コーナー角度が急で左回りのコースでも特殊な形状の新潟ダート１２００ｍなので、上級条件ともなるとコースのスペシャリストが存在している。これに敗れた阪神向きの馬が巻き返すことで高回収率になっているようだ。

父がシニスターミニスター×5~8枠

適用可能コース

阪神ダ1400m

3着内率 47.1%

複勝回収率 216%

準ウルトラ 父がシニスターミニスター

1着	2着	3着	4着以下	計	勝率	連対率	3着内率	単回率	複回率
6	4	12	51	73	8.2%	13.7%	30.1%	98%	119%

正ウルトラ 枠番が5~8枠

1着	2着	3着	4着以下	計	勝率	連対率	3着内率	単回率	複回率
5	3	8	18	34	14.7%	23.5%	47.1%	204%	216%

超ウルトラ 馬齢が4歳以下

1着	2着	3着	4着以下	計	勝率	連対率	3着内率	単回率	複回率
5	3	8	16	32	15.6%	25.0%	50.0%	216%	230%

総合成績

1着－2着－3着－着外／総件数	5－3－8－18／34
勝率	14.7%
連対率	23.5%
3着内率	47.1%
単勝回収率	204%
複勝回収率	216%

時系列成績

	1着	2着	3着	4着以下	計	勝率	連対率	3着内率	単勝回収率	複勝回収率
2020➡2021	2	0	2	7	11	18.2%	18.2%	36.4%	412%	158%
2021➡2022	1	2	2	5	10	10.0%	30.0%	50.0%	52%	301%
2022➡2023	2	1	4	6	13	15.4%	23.1%	53.8%	144%	200%

千八でも父産駒は好成績
芝スタートから流れに乗れれば

23年は三冠馬誕生に湧いた年だった。ＪＲＡではリバティアイランドが牝馬三冠を達成。そして、地方競馬ではホッカイドウ競馬、南関東競馬、高知競馬で三冠馬が誕生した。このうち南関東のミックファイアはシニスターミニスターの産駒。この馬やテーオーケインズなど同父産駒にはスターホースも多いが、距離やコースを問わないアベレージの高さも魅力的な種牡馬だ。

というのも、父シニスターミニスターの馬は、阪神ダ１４００ｍに限らずダ１８００ｍのレースでも、集計期間中のトータルで３着内率42・５％、複勝回収率１０７％と「準ウルトラ」に匹敵する優秀な成績を収めていた。１８００ｍでは極端に回収率が高くなる条件こそ見当たらなかったものの、シチュエーションを問わずコンスタントに好配当を演出していたので、合わせて注目しておきたい。

なお、内枠を除外したのはコースのデータに基づいてのこと。シニミニが内枠を苦手にしているのではない。

阪神ダ1400〜1800m

NO043

藤岡佑介騎手×前走10着以内×関西馬

適用可能コース

阪神ダ1400m・阪神ダ1800m

3着内率 **37.8%**

複勝回収率 **154%**

準々ウルトラ

鞍上が藤岡佑介騎手

1着	2着	3着	4着以下	計	勝率	連対率	3着内率	単回率	複回率
12	16	19	107	154	7.8%	18.2%	30.5%	150%	125%

準ウルトラ

前走の着順が10着以内

1着	2着	3着	4着以下	計	勝率	連対率	3着内率	単回率	複回率
11	13	18	76	118	9.3%	20.3%	35.6%	183%	145%

正ウルトラ

調教師の所属が栗東

1着	2着	3着	4着以下	計	勝率	連対率	3着内率	単回率	複回率
11	13	18	69	111	9.9%	21.6%	37.8%	195%	154%

総合成績

1着−2着−3着−着外／総件数	11-13-18-69／111
勝率	9.9%
連対率	21.6%
3着内率	37.8%
単勝回収率	195%
複勝回収率	154%

時系列成績

	1着	2着	3着	4着以下	計	勝率	連対率	3着内率	単勝回収率	複勝回収率
2020▸2021	2	9	7	21	39	5.1%	28.2%	46.2%	163%	231%
2021▸2022	3	3	5	33	44	6.8%	13.6%	25.0%	73%	92%
2022▸2023	6	1	6	15	28	21.4%	25.0%	46.4%	430%	144%

あわてない、あわてない
ゆったり運べば騎乗技術はピカイチ

藤岡佑介騎手は川田、吉田隼、津村騎手らと同期。JRAでのGⅠ勝ちこそしばらく遠ざかっているものの、直近だとその後にGⅠ馬となるジャックドールやセリフォスに競馬を教えるなど、関係者はその騎乗技術の高さを認めている。同騎手はしっかりと折り合って、ゆったりと運ぶ競馬を得意としているイメージ。勝ちにいく競馬ではなく、結果として勝っている競馬と言えば伝わるだろうか。

「正ウルトラ」該当馬でもその傾向が見て取れる。1番人気に騎乗した際は【1・3・3・5】で勝率8・3%、2番人気に騎乗した際は【1・1・1・8】で勝率9・1%だった。「正ウルトラ」全体の勝率は9・9%だから、3番人気以下で高い勝率を記録して、結果として高い回収率を残していると分かる。

また、「正ウルトラ」該当馬で逃げたときも【0・0・0・5】と振るわなかった。他馬からのプレッシャーがない、ゆったりと運べそうな馬で勝負したい。

阪神ダ1800~2000m

NO044

松山弘平騎手×前走5着以下×3~16番

適用可能コース

阪神ダ1800m・阪神ダ2000m

3着内率 **54.2%**

複勝回収率 **178%**

準々ウルトラ

鞍上が松山弘平騎手

1着	2着	3着	4着以下	計	勝率	連対率	3着内率	単回率	複回率
36	34	28	116	214	16.8%	32.7%	45.8%	83%	101%

準ウルトラ

前走の着順が5着以下

1着	2着	3着	4着以下	計	勝率	連対率	3着内率	単回率	複回率
11	14	15	47	87	12.6%	28.7%	46.0%	118%	149%

正ウルトラ

馬番が3~16番

1着	2着	3着	4着以下	計	勝率	連対率	3着内率	単回率	複回率
11	13	15	33	72	15.3%	33.3%	54.2%	142%	178%

総合成績

1着－2着－3着－着外／総件数	11-13-15-33／72
勝率	15.3%
連対率	33.3%
3着内率	54.2%
単勝回収率	142%
複勝回収率	178%

時系列成績

	1着	2着	3着	4着以下	計	勝率	連対率	3着内率	単勝回収率	複勝回収率
2020▶2021	1	0	5	16	22	4.5%	4.5%	27.3%	58%	82%
2021▶2022	6	7	5	5	23	26.1%	56.5%	78.3%	300%	325%
2022▶2023	4	6	5	12	27	14.8%	37.0%	55.6%	77%	131%

前走のリベンジを阪神で 松山J継続騎乗なら激アツ

注目は「準ウルトラ」の好走率の高さ。前走着順が5着以下だった馬に騎乗して回収率が高くなるのは分かるが、3着内率が45・5%となるのは驚異的だ。それだけ松山騎手の技術が優れていて、陣営も巻き返す力のある馬を信頼して任せているのだろう。

前走着順の下限を設定していないように、前走の内容は悪い方が馬券的には面白い。「前走で大敗しているのに松山騎手が騎乗している」のがミソで、「正ウルトラ」を前走でも松山騎手が騎乗した馬に限定すると【4・3・6・8】に。リベンジマッチといえるレースでの勝率は19%、3着内率は61・9%にまで上昇して、単複の回収率はともに200%を超える。

なお、さすがの「正ウルトラ」でも、今回の4角通過順が7番手以下だと【2・1・1・21】で3着内率16%、複勝回収率46%。あまりにダッシュ力がない馬は減点対象としていい。

父がキズナ×前走別競馬場×前走14着以内

適用可能コース

阪神ダ1800m・阪神ダ2000m

3着内率	複勝回収率
40.9%	153%

準々ウルトラ

父がキズナ

1着	2着	3着	4着以下	計	勝率	連対率	3着内率	単回率	複回率
22	30	25	142	219	10.0%	23.7%	35.2%	56%	105%

準ウルトラ

前走のコースが今回と異なる競馬場

1着	2着	3着	4着以下	計	勝率	連対率	3着内率	単回率	複回率
9	21	15	69	114	7.9%	26.3%	39.5%	46%	147%

正ウルトラ

前走の着順が14着以内

1着	2着	3着	4着以下	計	勝率	連対率	3着内率	単回率	複回率
9	21	15	65	110	8.2%	27.3%	40.9%	47%	153%

総合成績

1着－2着－3着－着外／総件数	9－21－15－65／110
勝率	8.2%
連対率	27.3%
3着内率	40.9%
単勝回収率	47%
複勝回収率	153%

時系列成績

	1着	2着	3着	4着以下	計	勝率	連対率	3着内率	単勝回収率	複勝回収率
2020▸2021	2	11	5	13	31	6.5%	41.9%	58.1%	39%	171%
2021▸2022	4	4	5	30	43	9.3%	18.6%	30.2%	34%	92%
2022▸2023	3	6	5	22	36	8.3%	25.0%	38.9%	71%	209%

キズナしか勝たん！ ダートでもお世話になります

阪神コースだけで3回目の登場となる「父がキズナ」という条件。それだけキズナは回収率の面で優秀な種牡馬だといえる。「正ウルトラ」に該当した1番人気馬は【4・6・0・6】で複勝回収率は87％。数字そのものは悪くないがスーパー素晴らしいわけではなかった。よって、今回狙うのは人気薄のキズナとなる。

集計では「前走が別の競馬場」としているが、競馬場だけでなく距離の変化も意識してもらいたい。というのも、「正ウルトラ」該当馬でも今回が距離短縮となる馬は【1・2・4・15】で3着内率31・8％、複勝回収率69％だった。これが前走同距離なら3着内率35・8％、複勝回収率128％に。今回距離延長組は3着内率54・3％、複勝回収率244％だった。

阪神芝2400～3200mでキズナ産駒を狙え！としたように、同父産駒には底力があるのだろう。タフさが必要な阪神ではとにかくキズナ、キズナ、キズナだ。

阪神ダ2000m　NO046

前走同距離超×前走8着以内×前走馬体重480kg以上

適用可能コース

阪神ダ2000m

3着内率	複勝回収率
46.4%	158%

準々ウルトラ

前走のコースが今回より長い距離

1着	2着	3着	4着以下	計	勝率	連対率	3着内率	単回率	複回率
9	15	14	98	136	6.6%	17.6%	27.9%	110%	111%

準ウルトラ

前走の着順が8着以内

1着	2着	3着	4着以下	計	勝率	連対率	3着内率	単回率	複回率
6	12	12	53	83	7.2%	21.7%	36.1%	44%	115%

正ウルトラ

前走の馬体重が480kg以上

1着	2着	3着	4着以下	計	勝率	連対率	3着内率	単回率	複回率
6	10	10	30	56	10.7%	28.6%	46.4%	66%	158%

総合成績

1着－2着－3着－着外／総件数	6-10-10-30／56
勝率	10.7%
連対率	28.6%
3着内率	46.4%
単勝回収率	66%
複勝回収率	158%

時系列成績

	1着	2着	3着	4着以下	計	勝率	連対率	3着内率	単勝回収率	複勝回収率
2020▶2021	2	3	1	13	19	10.5%	26.3%	31.6%	66%	63%
2021▶2022	2	3	5	11	21	9.5%	23.8%	47.6%	54%	165%
2022▶2023	2	4	4	6	16	12.5%	37.5%	62.5%	81%	262%

そらそうよ 距離短縮がハマる距離

阪神ダート２０００ｍよりも長い条件はそう多くなく、「正ウルトラ」56頭のうち33頭は前走が東京ダ２１００ｍを走っていた。その他では中山ダ２４００ｍが6頭、福島ダ２４００ｍと新潟ダ２５００ｍが3頭ずつと、関東圏の長距離レースからの該当馬が目立った。

意外と多かったのが前走で芝を走っていた馬。中京芝２２００ｍ組は【１・０・１・０】で京都芝２４００ｍ組も【１・０・０・０】だった。

この理由について、少し前から競馬をやっている方ならすぐにピンとくるだろう。ブルーコンコルドにキングスエンブレム、ヤマニンキングリーやアウォーディーら、この条件で行われるシリウスＳ（ＧⅢ）では「芝でも好走実績のある馬を狙え！」がかつては予想時のテーマとなっていた。一度道中で緩んでからの上がり勝負になりやすいので、その点が芝適性馬にハマりやすいのだ。前走の距離とともに下級条件時の適性もチェックしておきたい。

前作の的中実績 3

No.035　阪神ダ1200m攻略

前走新潟ダ1200m×前走馬体重460kg以上×中2週以上

阪神ダ1200m

NO 035

前走新潟ダ1200m×前走馬体重460kg以上×中2週以上

適用可能コース

阪神ダ1200m

複勝率 **35.8%**　複勝回収率 **158%**

準々ウルトラ　**前走のコースが新潟ダ1200m**

1着	2着	3着	4着以下	計	勝率	連対率	複勝率	単回率	複回率
6	14	11	79	110	5.5%	18.2%	28.2%	33%	114%

準ウルトラ　**前走の馬体重が460kg以上**

1着	2着	3着	4着以下	計	勝率	連対率	複勝率	単回率	複回率
6	11	9	54	80	7.5%	21.3%	32.5%	46%	136%

正ウルトラ　**前走との間隔が中2週以上**

1着	2着	3着	4着以下	計	勝率	連対率	複勝率	単回率	複回率
6	10	8	43	67	9.0%	23.9%	35.8%	55%	158%

082

2023/6/11　阪神10R

安芸S

1着　⑥ファーンヒル（1人気）

2着　③メイショウフジタカ（10人気）　正ウルトラ該当!

3着　⑮クレド（6人気）

単勝／⑥420円　複勝／⑥200円 ③1,310円 ⑮370円　馬連／⑥③17,520円
馬単／⑥③27,950円　3連複／③⑥⑮76,630円　3連単／⑥③⑮379,520円

前走のハイペース経験がこの舞台替わりで活きる!

前作にて紹介した当コースの「正ウルトラ」が、「前走のコースが新潟ダ１２００ｍ」×「前走の馬体重が４６０kg以上」×「前走との間隔が中２週以上」というもの。最初の長い直線で先行争いが激化しやすくハイペース戦になりやすい新潟ダ１２００ｍ。この経験が、メンバーレベルの高い阪神への舞台替わりで功を奏するのか、この臨戦過程を踏む馬の期待値は優秀だ。ある程度の馬格があり、さらによほど使い詰めでない馬ならより好走傾向が高まる。「正ウルトラ」なら3着内率・回収率ともに高水準をマークしているように、当レースでも該当馬が10人気2着の好走を見せた。このレースで「正ウルトラ」に該当していたのがメイショウフジタカ。締まったペースを中団で追走し、直線では脚色よく差しきった前走の勢いのままに、このレースでも内から鮮やかな差し脚を伸ばして２着に激走した。10番人気という低評価は、１番人気との馬連で１万７５２０円、三連複は７万６６３０円と妙味ある配当をもたらした。

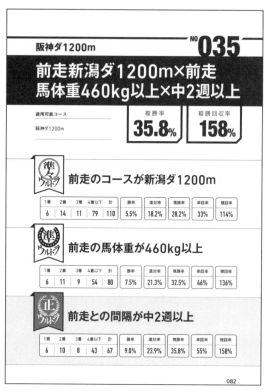

ウルトラ回収率 2024-2025

福島競馬場

FUKUSHIMA Race Course

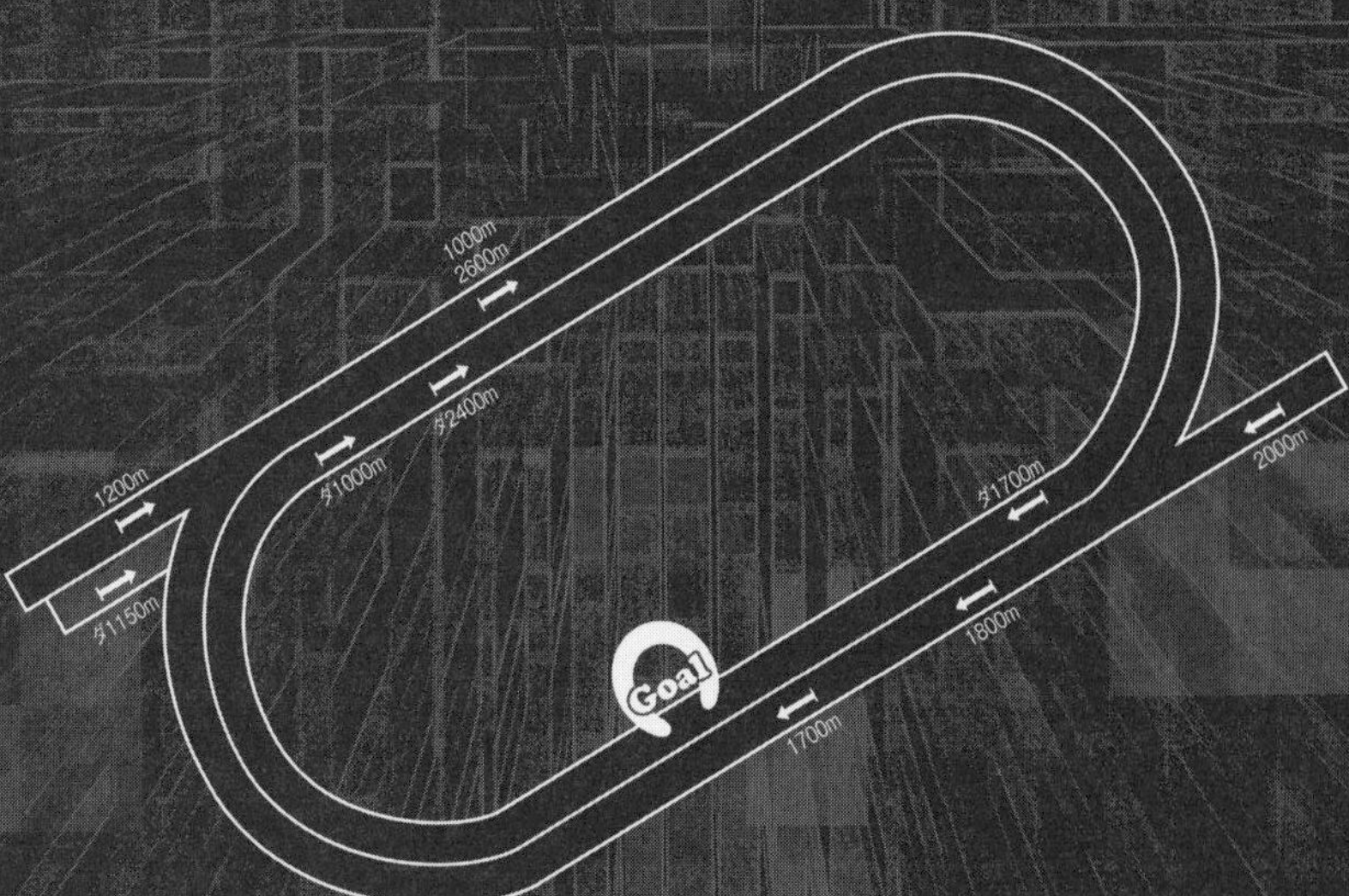

NO 047

前走新潟芝1200m内×前走4角11番手以内×4歳以下

適用可能コース

福島芝1200m

3着内率 **35.8%**

複勝回収率 **164%**

準々ウルトラ

前走のコースが新潟芝1200m内

1着	2着	3着	4着以下	計	勝率	連対率	3着内率	単回率	複回率
8	12	12	84	116	6.9%	17.2%	27.6%	62%	114%

準ウルトラ

前走の4コーナー通過順が11番手以内

1着	2着	3着	4着以下	計	勝率	連対率	3着内率	単回率	複回率
8	10	10	60	88	9.1%	20.5%	31.8%	82%	136%

正ウルトラ

馬齢が4歳以下

1着	2着	3着	4着以下	計	勝率	連対率	3着内率	単回率	複回率
7	8	9	43	67	10.4%	22.4%	35.8%	102%	164%

総合成績

1着－2着－3着－着外／総件数	7－8－9－43／67
勝率	10.4%
連対率	22.4%
3着内率	35.8%
単勝回収率	102%
複勝回収率	164%

時系列成績

	1着	2着	3着	4着以下	計	勝率	連対率	3着内率	単勝回収率	複勝回収率
2020▶2021	1	3	2	13	19	5.3%	21.1%	31.6%	44%	204%
2021▶2022	5	2	4	15	26	19.2%	26.9%	42.3%	215%	158%
2022▶2023	1	3	3	15	22	4.5%	18.2%	31.8%	19%	138%

正解は、越後組 前に行く脚があればアタマでも

7月の福島開催では「正ウルトラ」該当馬でも【0・1・4・13】。連対率は5.6%だったので、安定感があったのは秋の福島開催となる。とはいえ、7月開催でも複勝回収率は157%を記録。時期不問で評価していい。

「準ウルトラ」の条件で前走の4コーナー通過順が11番手以内としているように、ある程度の追走スピードは必要。「正ウルトラ」に該当して勝ち切った7頭のうち、6頭は今回の4角通過順が3番手以内の先行馬だった。減量騎手の軽さが生きるため騎手名も不問としたい。

この舞台で行われる福島2歳S（2歳オープン）でも「正ウルトラ」は破壊力抜群。21年は3頭が該当していて、5番人気のウインマーベルが1着となり、13番人気ブランデーロックが3着に好走している。後者はキャリア4戦目で新潟芝1200mの未勝利戦を勝ち上がった馬。戦績は強調できず、持ち時計も全然目立たなかったが、黄金ローテが味方したのか上がり最速の脚が使えていた。

父がキズナ×前走12着以内

適用可能コース

福島芝1200m·福島芝1800m
福島芝2000m

3着内率	複勝回収率
42.0%	154%

準ウルトラ

父がキズナ

1着	2着	3着	4着以下	計	勝率	連対率	3着内率	単回率	複回率
14	13	11	67	105	13.3%	25.7%	36.2%	196%	130%

正ウルトラ

前走の着順が12着以内

1着	2着	3着	4着以下	計	勝率	連対率	3着内率	単回率	複回率
13	11	10	47	81	16.0%	29.6%	42.0%	251%	154%

超ウルトラ

性が牝

1着	2着	3着	4着以下	計	勝率	連対率	3着内率	単回率	複回率
9	9	8	34	60	15.0%	30.0%	43.3%	315%	176%

総合成績

1着－2着－3着－着外／総件数	13-11-10-47／81

勝率	16.0%	連対率	29.6%	3着内率	42.0%
単勝回収率	251%	複勝回収率	154%		

時系列成績

	1着	2着	3着	4着以下	計	勝率	連対率	3着内率	単勝回収率	複勝回収率
2020▶2021	1	4	2	7	14	7.1%	35.7%	50.0%	27%	137%
2021▶2022	4	4	3	22	33	12.1%	24.2%	33.3%	189%	132%
2022▶2023	8	3	5	18	34	23.5%	32.4%	47.1%	403%	183%

キズナを買わなきゃＭＯＴＴＡＩＮＡＩ 短距離でもキズナ、中距離でもキズナ

「全く同じ配合の兄弟馬でも成績が違うのに、血統って本当に意味あるの？」――このように考える人は意外と多い。また、意識したとしても、ディープインパクト産駒だから瞬発力があるとか、ビッグアーサー産駒だから短距離が向きそうという程度の人がほとんどだろう。

しかし、それでは本当にもったいない。ワンガリ・マータイさんに怒られてしまう。種牡馬×コースの簡単な集計でも、血統はびっくりするほどの爆発力を誇るのだ。キズナ産駒の場合は福島コースが大得意。芝の１２００ｍから２０００ｍまでだから２６００ｍ戦以外は買ってよく、前走12着までだから大体の馬を評価していい。好走率と回収率が毎年安定していて、馬齢もクラスも不問。どうだろう？血統で馬券を買ってみたくなっただろうか。

23年の福島牝馬Ｓ（ＧⅢ）では「正ウルトラ」該当馬ステラリアが優勝。約1年ぶりの出走のため人気を落としていたが、キズナの血に間隔は関係なかった。

父がグラスワンダー系種牡馬×4歳以下

適用可能コース

福島芝1800m

3着内率 **39.3%**

複勝回収率 **180%**

準ウルトラ 父がグラスワンダー系種牡馬

1着	2着	3着	4着以下	計	勝率	連対率	3着内率	単回率	複回率
5	9	8	45	67	7.5%	20.9%	32.8%	22%	150%

正ウルトラ 馬齢が4歳以下

1着	2着	3着	4着以下	計	勝率	連対率	3着内率	単回率	複回率
5	9	8	34	56	8.9%	25.0%	39.3%	26%	180%

超ウルトラ 枠番が2〜8枠

1着	2着	3着	4着以下	計	勝率	連対率	3着内率	単回率	複回率
5	9	8	29	51	9.8%	27.5%	43.1%	29%	198%

総合成績

1着－2着－3着－着外／総件数	5－9－8－34／56

勝率	連対率	3着内率	単勝回収率	複勝回収率
8.9%	25.0%	39.3%	26%	180%

時系列成績

	1着－2着－3着－4着以下／計	勝率	連対率	3着内率	単勝回収率	複勝回収率
2020➡2021	0－1－2－5／8	0.0%	12.5%	37.5%	0%	118%
2021➡2022	3－3－3－16／25	12.0%	24.0%	36.0%	30%	169%
2022➡2023	2－5－3－13／23	8.7%	30.4%	43.5%	31%	213%

キレはなくとも力強い
ローカル開催でこそグラスワンダーの血

「正ウルトラ」に該当したグラスワンダー系の種牡馬を列挙すると、総数が多いものから順にモーリス、スクリーンヒーロー、グラスワンダー、ゴールドアクターとなる。本作では、小倉芝２０００ｍでも父グラスワンダー系種牡馬を狙え！と紹介している。小倉では馬齢を3歳以下に限定したが、こちらでは4歳馬でもＯＫ。どちらにせよ、この血統は競走馬としてのピークを迎えていない時期が狙い目となるのだろう。

23年ラジオＮＩＫＫＥＩ賞（GⅢ）で2着に好走したシルトホルンは「正ウルトラ」該当馬。同馬の前走は東京芝１６００ｍの1勝クラスで、ここを勝っての重賞挑戦だった。この馬のように、前走東京芝１６００ｍ→今回福島芝１８００ｍだと【０・５・０・２】で連対率71・4%となっている。上位人気馬ばかりでなく、22年11月には15番人気のイザニコスが2着に好走。やはり、グラスワンダー系種牡馬は東京よりも小回りコースでこそ。

NO 050

前走4角2番手以内×前走中央場所

適用可能コース

福島芝1800m

3着内率 37.1%

複勝回収率 151%

準ウルトラ

前走の4コーナー通過順が2番手以内

1着	2着	3着	4着以下	計	勝率	連対率	3着内率	単回率	複回率
25	21	17	131	194	12.9%	23.7%	32.5%	98%	108%

正ウルトラ

前走のコースが中央場所

1着	2着	3着	4着以下	計	勝率	連対率	3着内率	単回率	複回率
14	12	10	61	97	14.4%	26.8%	37.1%	149%	151%

超ウルトラ

枠番が3～8枠

1着	2着	3着	4着以下	計	勝率	連対率	3着内率	単回率	複回率
10	10	8	38	66	15.2%	30.3%	42.4%	187%	196%

総合成績

1着－2着－3着－着外／総件数	14-12-10-61／97
勝率	14.4%
連対率	26.8%
3着内率	37.1%
単勝回収率	149%
複勝回収率	151%

時系列成績

	1着	2着	3着	4着以下	計	勝率	連対率	3着内率	単勝回収率	複勝回収率
2020▶2021	2	1	2	14	19	10.5%	15.8%	26.3%	102%	101%
2021▶2022	4	6	4	18	32	12.5%	31.3%	43.8%	50%	147%
2022▶2023	8	5	4	29	46	17.4%	28.3%	37.0%	237%	175%

セオリーどおりの好成績
他コースの予想にも生かしたい

これは競馬の教科書（中級編）に載せたいほど理にかなっている。時計や着順、上がりタイムで強い馬、弱い馬を判断している状態から次のステップに進むためには、このような思考が必要になってくる。

「準ウルトラ」と「正ウルトラ」を合わせると「中央４場で先行できた馬は福島芝１８００ｍなら粘れる」となる。これはメンバーレベルと直線の長さから説明可能。京都と阪神の外回りや東京から参戦する馬は、最後の直線がかなり短くなるので、立ち回りのうまさを生かすタイプにとっては願ったり叶ったりだ。

中央場所にはリーディング上位騎手が多く集まるので、これらが騎乗する素質馬、良血馬も必然的に出走数が増える。そのため福島などローカル開催は中央場所よりもメンバーレベルが下がることが多く、そもそも競馬は先行有利だから前走の着順が悪い馬でも走れる。それが高い回収率をもたらしているといえる。

福島芝2000m　NO 051

前走阪神芝1800m以上×前走10着以内

適用可能コース

福島芝2000m

3着内率	複勝回収率
41.9%	155%

準ウルトラ　前走のコースが阪神芝1800m以上

1着	2着	3着	4着以下	計	勝率	連対率	3着内率	単回率	複回率
6	9	4	35	54	11.1%	27.8%	35.2%	192%	135%

正ウルトラ　前走の着順が10着以内

1着	2着	3着	4着以下	計	勝率	連対率	3着内率	単回率	複回率
5	9	4	25	43	11.6%	32.6%	41.9%	185%	155%

超ウルトラ　枠番が1～7枠

1着	2着	3着	4着以下	計	勝率	連対率	3着内率	単回率	複回率
4	8	4	20	36	11.1%	33.3%	44.4%	176%	171%

総合成績

1着－2着－3着－着外／総件数	5－9－4－25／43
勝率	11.6%
連対率	32.6%
3着内率	41.9%
単勝回収率	185%
複勝回収率	155%

時系列成績

	1着	2着	3着	4着以下	計	勝率	連対率	3着内率	単勝回収率	複勝回収率
2020▶2021	0	2	0	2	4	0.0%	50.0%	50.0%	0%	127%
2021▶2022	5	3	0	11	19	26.3%	42.1%	42.1%	420%	166%
2022▶2023	0	4	4	12	20	0.0%	20.0%	40.0%	0%	150%

福島巧者狙いはもう古い！ 開催変更の影響には気をつけて

クレッシェンドラヴとヴァンケドミンゴの活躍で、少し前の福島芝中距離重賞では「福島巧者を狙え」が合言葉となっていた。それが、ここ最近では「前走阪神芝1800m以上組を狙え」に変化している。

当コースで行われる福島記念（GⅢ）と七夕賞（GⅢ）では「正ウルトラ」該当馬が【1・3・1・7】で3着内率41・7％を記録している。23年七夕賞では前走が大阪―ハンブルクC（芝2600m・オープン）だったククナが9番人気2着、前走がマーメイドS（芝2000m・GⅢ）だったホウオウエミーズが13番人気3着となっている。前走着順が目立たない人気薄であるほど効果は抜群だ。

なお、20年秋季競馬から21年夏季競馬にかけては、京都競馬場の整備工事に伴う変則開催や、21年春の福島競馬が新潟での代替開催となった影響もあって、該当馬が少なかった。24年は宝塚記念（GⅠ）が行われる6月の阪神開催が京都に変更されるので注意したい。

福島芝2600m　NO052

父がステイゴールド系種牡馬×前走芝2400m以上×12頭立て以上

適用可能コース

福島芝2600m

3着内率	複勝回収率
51.3%	156%

準々ウルトラ

父がステイゴールド系種牡馬

1着	2着	3着	4着以下	計	勝率	連対率	3着内率	単回率	複回率
13	5	14	57	89	14.6%	20.2%	36.0%	140%	98%

準ウルトラ

前走のコースが芝2400m以上

1着	2着	3着	4着以下	計	勝率	連対率	3着内率	単回率	複回率
10	3	11	28	52	19.2%	25.0%	46.2%	214%	135%

正ウルトラ

出走頭数が12頭以上

1着	2着	3着	4着以下	計	勝率	連対率	3着内率	単回率	複回率
9	3	8	19	39	23.1%	30.8%	51.3%	277%	156%

総合成績

1着−2着−3着−着外／総件数	9 - 3 - 8 -19／39
勝率	23.1%
連対率	30.8%
3着内率	51.3%
単勝回収率	277%
複勝回収率	156%

時系列成績

	1着	2着	3着	4着以下	計	勝率	連対率	3着内率	単勝回収率	複勝回収率
2020▶2021	2	1	1	3	7	28.6%	42.9%	57.1%	124%	115%
2021▶2022	4	0	4	5	13	30.8%	30.8%	61.5%	308%	158%
2022▶2023	3	2	3	11	19	15.8%	26.3%	42.1%	312%	171%

ゴルシとオルフェで丸儲け
左回り→右回りで本領発揮

意識すべき点は小倉芝2600mとほぼ同じ。他より体力が必要となるタフな条件なので、スタミナに秀でたステイゴールド系の種牡馬を評価すればいい。「正ウルトラ」該当馬が今回2番人気以内なら【5・1・4・2】で勝率41・7%、3着内率83・3%。人気薄の爆発力も光ったが、堅軸選びにも役立てられる。

「正ウルトラ」該当馬ではゴールドシップ産駒とオルフェーヴル産駒はほぼ同じぐらいの好走率。人気薄が多かったために前者の方が回収率は高かった。前走のコースでは、東京芝2400m組が【4・1・1・1】で新潟芝2400m組が【1・0・1・0】。宝塚記念、有馬記念に強い血統のイメージどおりに、左回り→右回りでパフォーマンスを上げている。

なお、「正ウルトラ」該当馬でも前走北海道組は5頭いて馬券圏内なし。これらを除くと更に好走率および回収率を高めることができる。

福島ダ1150m

NO053

父か母の父がストームキャット系種牡馬×前走4着以内

適用可能コース

福島ダ1150m

3着内率	複勝回収率
52.0%	165%

準ウルトラ

父か母の父がストームキャット系種牡馬

1着	2着	3着	4着以下	計	勝率	連対率	3着内率	単回率	複回率
20	29	23	171	243	8.2%	20.2%	29.6%	56%	94%

正ウルトラ

前走の着順が4着以内

1着	2着	3着	4着以下	計	勝率	連対率	3着内率	単回率	複回率
11	18	10	36	75	14.7%	38.7%	52.0%	81%	165%

超ウルトラ

負担重量が減量なし

1着	2着	3着	4着以下	計	勝率	連対率	3着内率	単回率	複回率
8	14	7	23	52	15.4%	42.3%	55.8%	91%	192%

総合成績

1着－2着－3着－着外／総件数	11-18-10-36／75
勝率	14.7%
連対率	38.7%
3着内率	52.0%
単勝回収率	81%
複勝回収率	165%

時系列成績

	1着	2着	3着	4着以下	計	勝率	連対率	3着内率	単勝回収率	複勝回収率
2020▶2021	2	2	3	5	12	16.7%	33.3%	58.3%	46%	174%
2021▶2022	3	8	2	18	31	9.7%	35.5%	41.9%	83%	160%
2022▶2023	6	8	5	13	32	18.8%	43.8%	59.4%	92%	166%

福島ダートも適性抜群 母父としてもハイスペック

ストームキャット系種牡馬には、ヘニーヒューズ、アジアエクスプレス、ドレフォン、ディスクリートキャットなどがいる。いわゆる米国系のダート血統で、爆発的なスピードとパワーをその産駒に伝えている。

当初ヘニーヒューズは米国拠点で種牡馬入りしたが、日本ダートに高い適性を見せたため輸入された経緯がある。前走が4着以内とする「正ウルトラ」の条件に該当するぐらい力のある馬なら、血の力で人気順以上に走るので高い回収率を記録できるというわけだ。興味深いのは母の父でも影響力があること。サンデー系の父ディープブリランテや父スワーヴリチャードといった芝向きに思える血統でも勝ち切っている。

「超ウルトラ」にあるように、減量制度が適用される女性騎手および見習騎手の騎乗馬を除くと更に期待値がアップする。これは技術的な問題ではなく、短距離ダートでの減量騎手は能力以上に人気になってしまうからだろう。

福島ダ1150m

NO054

前走阪神ダ1200m×前走馬体重460kg以上×中7週以内

適用可能コース

福島ダ1150m

3着内率	複勝回収率
56.4%	164%

準々ウルトラ

前走のコースが阪神ダ1200m

1着	2着	3着	4着以下	計	勝率	連対率	3着内率	単回率	複回率
10	6	8	50	74	13.5%	21.6%	32.4%	135%	100%

準ウルトラ

前走の馬体重が460kg以上

1着	2着	3着	4着以下	計	勝率	連対率	3着内率	単回率	複回率
10	6	7	30	53	18.9%	30.2%	43.4%	189%	127%

正ウルトラ

前走との間隔が中7週以内

1着	2着	3着	4着以下	計	勝率	連対率	3着内率	単回率	複回率
9	6	7	17	39	23.1%	38.5%	56.4%	236%	164%

福島

総合成績

1着－2着－3着－着外／総件数	9－6－7－17／39
勝率	23.1%
連対率	38.5%
3着内率	56.4%
単勝回収率	236%
複勝回収率	164%

時系列成績

	1着 2着 3着 4着以下 計	勝率	連対率	3着内率	単勝回収率	複勝回収率
2020▶2021	－－－－－－－／－	－	－	－	－	－
2021▶2022	4－3－2－9／18	22.2%	38.9%	50.0%	342%	146%
2022▶2023	5－3－5－8／21	23.8%	38.1%	61.9%	145%	180%

細すぎず、太すぎず 間隔もあきすぎてはいけない

馬体重の軽い馬を除外しているが、馬体が大きければ大きいほどいいわけではない。「正ウルトラ」に該当した牝馬は【4・2・1・6】で勝率30・8％。このうちの【4・1・0・1】が馬体重460～479㎏だったので、牝馬らしいサイズ感の馬が結果を出したと分かる。また、牡馬セン馬でも馬体重460～479㎏の馬は【1・2・3・1】で3着内率85・7％を記録。こちらは馬体重が多少重くても問題はない。

23年の安達太良S（3歳以上オープン）では出走11頭のうち7頭が「正ウルトラ」に該当。馬券圏内を4番人気→7番人気→5番人気の該当馬が独占して、馬連払戻金は5050円、3連複は万馬券となっている。

なお、20年の秋季競馬から21年の夏季競馬にかけては、京都競馬場の整備工事に伴う変則開催や、21年春の福島競馬が新潟での代替開催となった影響もあって、該当馬がいなかった。

NO055

前走同コース×前走上がり4位以内

適用可能コース

福島ダ1150m

3着内率	複勝回収率
45.1%	184%

準ウルトラ

前走のコースが福島ダ1150m

1着	2着	3着	4着以下	計	勝率	連対率	3着内率	単回率	複回率
12	14	12	97	135	8.9%	19.3%	28.1%	78%	121%

正ウルトラ

前走の上がり3ハロンタイム順位が4位以内

1着	2着	3着	4着以下	計	勝率	連対率	3着内率	単回率	複回率
5	10	8	28	51	9.8%	29.4%	45.1%	50%	184%

超ウルトラ

馬齢が4歳以下

1着	2着	3着	4着以下	計	勝率	連対率	3着内率	単回率	複回率
5	10	7	21	43	11.6%	34.9%	51.2%	60%	215%

総合成績

1着－2着－3着－着外／総件数	5－10－8－28／51

勝率	連対率	3着内率
9.8%	29.4%	45.1%

単勝回収率	複勝回収率
50%	184%

時系列成績

	1着	2着	3着	4着以下	計	勝率	連対率	3着内率	単勝回収率	複勝回収率
2020▶2021	1	4	1	3	9	11.1%	55.6%	66.7%	26%	186%
2021▶2022	3	2	4	15	24	12.5%	20.8%	37.5%	85%	197%
2022▶2023	1	4	3	10	18	5.6%	27.8%	44.4%	16%	167%

関西からはいいが関東からはＮＧ
コース適性を示した馬を下級条件で

前項で触れたように、このコースは阪神ダ１２００ｍからのローテがいい。そして、今回のように福島ダ１１５０ｍ組も優秀。前走のコースだけで好配当を期待できるので『ウルトラ回収率』向きの条件だといえる。

成績がいい前走コースがあるのは、相性の悪い前走コースが存在するから。特に東京ダ１４００ｍと中山ダ１２００ｍから参戦する馬の回収率は芳しくない。「正ウルトラ」は前走が同じコースで、それなりの上がりを使った馬なので普通に考えると回収率は低くなりそう。しかし、高回収率なのはそれだけ前走東京組などが過剰に人気になっているということ。「正ウルトラ」の相手候補には、前走関東主場組を高評価しないように気をつけたい。

「超ウルトラ」の条件で高齢馬を除いているのにも関連するが、「正ウルトラ」該当馬の連対は全て未勝利～１勝クラスでのもの。２～３勝クラスでは【０・０・３・５】で３着内率37・５％、複勝回収率58％だった。

福島ダ1150m NO056

最内枠×中15週以内

適用可能コース

福島ダ1150m

3着内率	複勝回収率
42.2%	201%

準ウルトラ

馬番が1番

1着	2着	3着	4着以下	計	勝率	連対率	3着内率	単回率	複回率
11	11	8	64	94	11.7%	23.4%	31.9%	191%	160%

正ウルトラ

前走との間隔が中15週以内

1着	2着	3着	4着以下	計	勝率	連対率	3着内率	単回率	複回率
10	11	6	37	64	15.6%	32.8%	42.2%	276%	201%

超ウルトラ

馬齢が5歳以下

1着	2着	3着	4着以下	計	勝率	連対率	3着内率	単回率	複回率
10	11	6	32	59	16.9%	35.6%	45.8%	299%	218%

総合成績

1着－2着－3着－着外／総件数	10-11-6-37／64
勝率	15.6%
連対率	32.8%
3着内率	42.2%
単勝回収率	276%
複勝回収率	201%

時系列成績

	1着	2着	3着	4着以下	計	勝率	連対率	3着内率	単勝回収率	複勝回収率
2020▸2021	3	2	1	8	14	21.4%	35.7%	42.9%	617%	465%
2021▸2022	6	3	1	16	26	23.1%	34.6%	38.5%	299%	99%
2022▸2023	1	6	4	13	24	4.2%	29.2%	45.8%	52%	158%

さあ君がヒーローだ 1番枠を引いた幸運を生かせ!

ダートでの1番枠は非常に取り扱いが難しい。スッとスタートを決められる馬なら最高の枠順だが、出遅れ癖のある馬ならさあ大変。中団を進むと小回りコースでは勝負所で動くことができず、最後方まで下げると直線が短すぎて差し届かない。また、砂を被るのを嫌がる馬であれば、なおさらリスクが高まってしまう。

しかし、福島ダ１１５０ｍでは1番枠のリスクをメリットが大きく上回る。「正ウルトラ」該当馬が今回４角を１番手で通過すると【７・４・２・４】。勝ち切った「正ウルトラ」は最内枠から逃げて結果を残せている。ちなみにだが、前走で逃げていると「正ウルトラ」該当馬でも【１・１・０・７】で複勝回収率は31%。このような露骨すぎるパターンは逆においしくないので覚えておきたい。

もちろん、今回逃げられそうにない差し馬が最内枠に入っても評価を下げる必要はない。勝ち切るまではどうかだが、好配当レースの演者としては十分だ。

福島ダ1700m

NO 057

前走中山ダ1800m× 前走8着以内×5歳以下

適用可能コース

福島ダ1700m

3着内率	複勝回収率
38.3%	155%

準々ウルトラ

前走のコースが中山ダ1800m

1着	2着	3着	4着以下	計	勝率	連対率	3着内率	単回率	複回率
20	26	15	179	240	8.3%	19.2%	25.4%	101%	108%

準ウルトラ

前走の着順が8着以内

1着	2着	3着	4着以下	計	勝率	連対率	3着内率	単回率	複回率
17	22	10	87	136	12.5%	28.7%	36.0%	128%	146%

正ウルトラ

馬齢が5歳以下

1着	2着	3着	4着以下	計	勝率	連対率	3着内率	単回率	複回率
17	22	10	79	128	13.3%	30.5%	38.3%	136%	155%

総合成績

1着－2着－3着－着外／総件数	17-22-10-79／128
勝率	13.3%
連対率	30.5%
3着内率	38.3%
単勝回収率	136%
複勝回収率	155%

時系列成績

	1着	2着	3着	4着以下	計	勝率	連対率	3着内率	単勝回収率	複勝回収率
2020▶2021	6	4	0	10	20	30.0%	50.0%	50.0%	208%	120%
2021▶2022	7	6	3	43	59	11.9%	22.0%	27.1%	166%	67%
2022▶2023	4	12	7	26	49	8.2%	32.7%	46.9%	70%	274%

「あれ、なぜか今回は苦しくないなぁ」忘れたころに生きる中山での経験

福島ダ１１５０ｍでは評価を下げる対象だった前走関東主場組が、福島ダ１７００ｍでは一転して高評価に。前走で中山ダ１８００ｍを走った馬を選ぶだけで単複の回収率は１００%を超えてくる。

注意したいのは「正ウルトラ」でも連戦馬の回収率は低かったこと。中2週だと【3・1・2・13】で好走率は悪くないが、複勝回収率は48%とボロボロ。中1週は【0・0・2・12】で複勝回収率も47%と話にならなかった。半年以上（中25週以上）が【1・3・0・2】だったことからも、前走で中山ダ１８００ｍを走ったのを競走馬が忘れているはずの間隔がいいようだ。

回収率を高くしているのは、中山の急坂で脚が鈍った先行馬が福島で巻き返すパターン。前走の上がり順位が6位以下で6〜8着だった「正ウルトラ」該当馬は【6・5・3・19】で単勝回収率は１９８%、複勝回収率は驚異の３４８%を記録している。

福島ダ1700~2400m

NO 058

父がステイゴールド系種牡馬×前走10着以内×5歳以下

適用可能コース

福島ダ1700m・福島ダ2400m

3着内率	複勝回収率
38.5%	327%

準々ウルトラ

父がステイゴールド系種牡馬

1着	2着	3着	4着以下	計	勝率	連対率	3着内率	単回率	複回率
10	6	5	71	92	10.9%	17.4%	22.8%	291%	187%

準ウルトラ

前走の着順が10着以内

1着	2着	3着	4着以下	計	勝率	連対率	3着内率	単回率	複回率
10	6	4	38	58	17.2%	27.6%	34.5%	462%	293%

正ウルトラ

馬齢が5歳以下

1着	2着	3着	4着以下	計	勝率	連対率	3着内率	単回率	複回率
10	6	4	32	52	19.2%	30.8%	38.5%	515%	327%

総合成績

1着ー2着ー3着ー着外／総件数	10-6-4-32／52
勝率	19.2%
連対率	30.8%
3着内率	38.5%
単勝回収率	515%
複勝回収率	327%

時系列成績

	1着	2着	3着	4着以下	計	勝率	連対率	3着内率	単勝回収率	複勝回収率
2020→2021	5	3	0	8	16	31.3%	50.0%	50.0%	511%	188%
2021→2022	3	0	2	14	19	15.8%	15.8%	26.3%	865%	222%
2022→2023	2	3	2	10	17	11.8%	29.4%	41.2%	129%	577%

世界のオルフェは福島でも
レインボーライン産駒が大穴で激走

福島芝２６００ｍで触れたステイゴールド系種牡馬がここでも登場。ダートでは長距離に分類される２４００ｍ戦はもちろんだが、１７００ｍでも確かなスタミナが必要になるのだろう。これなら前項で中山ダ１８００ｍからのローテが良かったのも納得がいく。

「正ウルトラ」のうち【8・1・3・20】はオルフェーヴル産駒によるもの。以前はラッキーライラックやオーソリティらの活躍で芝中距離路線が主戦場だったが、マルシュロレーヌやウシュバテソーロの国内外での活躍、ショウナンナデシコによる牝馬でのかしわ記念制覇から、今では完全にダート種牡馬として認知されるようになった。当然、福島ダート中距離戦もこの種牡馬にお任せだ。

もちろん、種牡馬を1頭に限定していないように、ゴールドシップやフェノーメノ、レインボーラインも結果を残している。これらは代表産駒からも芝向きに思えるが、持ち前のスタミナでこなしているようだ。

前作の
的中実績
4

No.044　福島ダ1150m攻略

最内枠×中14週以内×5歳以下

福島ダ1150m　NO 044

最内枠×中14週以内×5歳以下

適用可能コース

福島ダ1150m

複勝率	複勝回収率
37.3%	234%

準々ウルトラ　馬番が1番

1着	2着	3着	4着以下	計	勝率	連対率	複勝率	単回率	複回率
10	10	5	68	93	10.8%	21.5%	26.9%	180%	173%

準ウルトラ　前走との間隔が中14週以内

1着	2着	3着	4着以下	計	勝率	連対率	複勝率	単回率	複回率
9	10	3	42	64	14.1%	29.7%	34.4%	245%	216%

正ウルトラ　馬齢が5歳以下

1着	2着	3着	4着以下	計	勝率	連対率	複勝率	単回率	複回率
9	10	3	37	59	15.3%	32.2%	37.3%	266%	234%

102

福島ダ1150mは最内狙いでイメージの逆をつく！

前作にて紹介した当コースの「正ウルトラ」が、「馬番が1番」×「前走との間隔が中14週以内」×「馬齢が5歳以下」というもの。芝発走のダートコースである福島ダ1150mは、一般的に外枠の優位性が高いと考えられるが、これとは正反対の1番枠の馬にこそ高い妙味が期待できる。「準々ウルトラ」である最内枠の馬を選ぶだけで、ベタ買いでも単複の回収率100%超えを達成できるのだ。

23年4月25日福島11R・ラジオ福島賞で最内枠に入ったメイショウミツヤスは、ラチ沿いを後方から追走すると、直線に入るところで外に持ち出して、インで溜めた脚を使い鋭く差し脚を伸ばした。長期休養明けの馬を除く「準ウルトラ」、さらに馬齢5歳以下という「正ウルトラ」の条件もクリアしていた同馬は、11番人気ながら3着に好走という結果に。本書の「正ウルトラ」該当馬をチョイスするだけで、三連複77・0倍、三連単254・6倍という好配当馬券にも、そう難しくなく手が届く。

2023/4/15　福島11R
ラジオ福島賞

1着　⑩マルモリスペシャル（1人気）

2着　⑯ロードミッドナイト（4人気）

3着　①メイショウミツヤス（11人気）　正ウルトラ該当！

単勝／⑩310円　複勝／⑩170円 ⑯270円 ①530円　馬連／⑩⑯1,220円
馬単／⑩⑯2,030円　3連複／①⑩⑯7,700円　3連単／⑩⑯①25,460円

新潟競馬場

NIIGATA Race Course

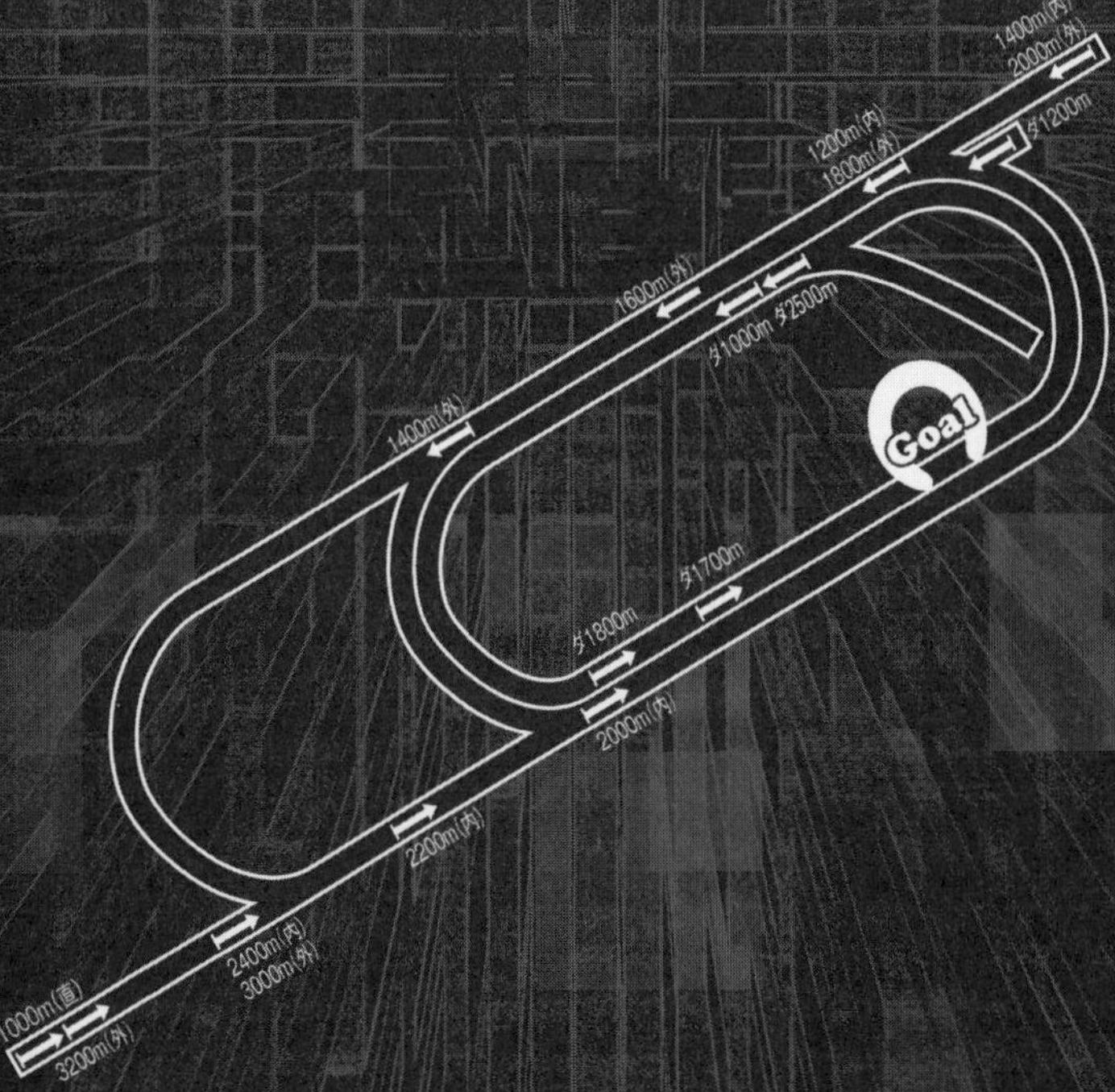

新潟芝1000m直 NO059

父がロードカナロア×5歳以上×前走14着以内

適用可能コース

新潟芝1000m直

3着内率	複勝回収率
39.5%	175%

準々ウルトラ

父がロードカナロア

1着	2着	3着	4着以下	計	勝率	連対率	3着内率	単回率	複回率
6	4	8	56	74	8.1%	13.5%	24.3%	190%	102%

準ウルトラ

馬齢が5歳以上

1着	2着	3着	4着以下	計	勝率	連対率	3着内率	単回率	複回率
6	2	7	30	45	13.3%	17.8%	33.3%	312%	148%

正ウルトラ

前走の着順が14着以内

1着	2着	3着	4着以下	計	勝率	連対率	3着内率	単回率	複回率
6	2	7	23	38	15.8%	21.1%	39.5%	370%	175%

総合成績

1着ー2着ー3着ー着外／総件数	6 - 2 - 7 -23／38
勝率	15.8%
連対率	21.1%
3着内率	39.5%
単勝回収率	370%
複勝回収率	175%

時系列成績

	1着	2着	3着	4着以下	計	勝率	連対率	3着内率	単勝回収率	複勝回収率
2020▶2021	2	1	3	4	10	20.0%	30.0%	60.0%	225%	206%
2021▶2022	2	1	1	9	13	15.4%	23.1%	30.8%	119%	114%
2022▶2023	2	0	3	10	15	13.3%	13.3%	33.3%	684%	207%

新潟千直を攻略する合言葉「迷ったらカナロア」

本作の監修者である伊吹雅也の単行本『血統&ジョッキー偏差値2023ー2024』（小社刊）でも、本頁と同じデータを「マストバイデータ」で取り上げているが、新潟芝直1000mでは、ロードカナロア産駒の活躍が目覚ましい。「迷ったらカナロア」というスローガンを掲げてもいいほどだ。

注意しなければならないのが、同産駒であっても4歳以下は【0・2・1・26】と苦戦していることだ。若いうちからこのコースに活路を求めてきた馬は、過信禁物と見ておきたい。反対に5歳馬は【5・2・4・13】と、好走のほとんどがこの年齢。これが「準ウルトラ」だ。

前走時の着順が14着以内であれば「正ウルトラ」を満たす。「正ウルトラ」に該当した好走馬の多くは、秋開催の1勝クラスと2勝クラス戦だった。秋のGIで盛り上がっている裏で、コツコツ資金を稼ぐために「迷ったらカナロア」を実行しよう。

前走同コース×関東馬

適用可能コース

新潟芝1200m内

3着内率	複勝回収率
37.8%	161%

準ウルトラ

前走のコースが新潟芝1200m内

1着	2着	3着	4着以下	計	勝率	連対率	3着内率	単回率	複回率
9	5	4	43	61	14.8%	23.0%	29.5%	105%	116%

正ウルトラ

調教師の所属が美浦

1着	2着	3着	4着以下	計	勝率	連対率	3着内率	単回率	複回率
7	3	4	23	37	18.9%	27.0%	37.8%	135%	161%

超ウルトラ

出走頭数が15頭以上

1着	2着	3着	4着以下	計	勝率	連対率	3着内率	単回率	複回率
7	3	4	20	34	20.6%	29.4%	41.2%	147%	175%

総合成績

1着－2着－3着－着外／総件数	7 - 3 - 4 -23／ 37
勝率	18.9%
連対率	27.0%
3着内率	37.8%
単勝回収率	135%
複勝回収率	161%

時系列成績

	1着	2着	3着	4着以下	計	勝率	連対率	3着内率	単勝回収率	複勝回収率
2020▸2021	5	0	1	10	16	31.3%	31.3%	37.5%	245%	247%
2021▸2022	1	2	1	12	16	6.3%	18.8%	25.0%	54%	75%
2022▸2023	1	1	2	1	5	20.0%	40.0%	80.0%	48%	160%

新潟芝1200mは実はレア条件？ ここにしかないものをめぐる争い

新潟芝1200mはここでしか経験できないことがある。それは「左回り」、「芝1200m」、「ゴール前に急坂がない」の3点を同時に満たしていることだ。したがって、前走に引き続いてこの条件に出走してくる馬は、陣営が適性の高さを確信していると推測される。

新潟競馬場は、美浦からと栗東からの輸送時間の差が大きくは変わらないので、関西馬を減点する必要がないという通説がある。だがしかし、本頁の「正ウルトラ」はその反対を取り上げている。先述の通説の影響か、関西馬は人気になりやすく、馬券妙味が薄くなるようだ。

驚いたのが「超ウルトラ」。出走頭数が15頭以上であれば、回収率がさらにUPするという。この「超ウルトラ」が特に威力を発揮する条件が未勝利戦だ。【6・2・1・10】と半数近くが3着内に入っており、安定感抜群。

ここにしかないものを求めてくる馬達は、馬券の軸として仕事をしてくれそうだ。

8枠×前走10着以内×関西馬

適用可能コース

新潟芝1400m内

3着内率 **35.9%**

複勝回収率 **152%**

準々ウルトラ

枠番が8枠

1着	2着	3着	4着以下	計	勝率	連対率	3着内率	単回率	複回率
11	16	13	133	173	6.4%	15.6%	23.1%	135%	135%

準ウルトラ

前走の着順が10着以内

1着	2着	3着	4着以下	計	勝率	連対率	3着内率	単回率	複回率
7	13	8	72	100	7.0%	20.0%	28.0%	124%	150%

正ウルトラ

調教師の所属が栗東

1着	2着	3着	4着以下	計	勝率	連対率	3着内率	単回率	複回率
4	6	4	25	39	10.3%	25.6%	35.9%	93%	152%

総合成績

1着－2着－3着－着外／総件数	4－6－4－25／39
勝率	10.3%
連対率	25.6%
3着内率	35.9%
単勝回収率	93%
複勝回収率	152%

時系列成績

	1着－2着－3着－4着以下／計	勝率	連対率	3着内率	単勝回収率	複勝回収率
2020▶2021	0－1－1－11／13	0.0%	7.7%	15.4%	0%	56%
2021▶2022	3－3－2－9／17	17.6%	35.3%	47.1%	186%	208%
2022▶2023	1－2－1－5／9	11.1%	33.3%	44.4%	53%	186%

ちょっと待てぃ！ 千直だけやないんよ8枠有利は！

本頁をチラ見して、「新潟で8枠が有利？なんだぁ千直戦のことかよ～」と思った読者の方も多いことだろう。しっかり見ていただきたい。本頁では千直戦ではなく、新潟芝内1400mについてのデータである。この条件ではベタ買いでもプラス収支になるので、実は千直戦よりもおいしいデータとなっている。

「準ウルトラ」は前走の着順が10着以内であればOK。当然のことながら大敗した馬は人気を落とすので、このフィルターをかけると単勝回収率が少し下がってしまう。しかし、連対率と3着内率が約5％も上昇するので、軸馬として機能してくれそう。

関東馬を含めた成績も十分優れているが、関西馬であれば好走率がさらにUP。なお、「正ウルトラ」の全6勝のうち、5勝が新馬戦と1勝クラス戦で記録されたものだが、OPクラス戦でも【1・1・1・3】と、頭数こそ少ないが安定。どの条件でも通用する万能なデータである。

新潟芝1600m外

NO062

前走同コース×前走4角10番手以内

適用可能コース

新潟芝1600m外

3着内率 36.4%

複勝回収率 182%

準ウルトラ 前走のコースが新潟芝1600m外

1着	2着	3着	4着以下	計	勝率	連対率	3着内率	単回率	複回率
8	8	10	56	82	9.8%	19.5%	31.7%	82%	158%

正ウルトラ 前走の4コーナー通過順が10番手以内

1着	2着	3着	4着以下	計	勝率	連対率	3着内率	単回率	複回率
8	8	8	42	66	12.1%	24.2%	36.4%	102%	182%

超ウルトラ 馬齢が4歳以下

1着	2着	3着	4着以下	計	勝率	連対率	3着内率	単回率	複回率
8	8	7	33	56	14.3%	28.6%	41.1%	120%	208%

総合成績

1着－2着－3着－着外／総件数	8－8－8－42／66

勝率	12.1%	連対率	24.2%	3着内率	36.4%
単勝回収率	102%	複勝回収率	182%		

時系列成績

	1着	2着	3着	4着以下	計	勝率	連対率	3着内率	単勝回収率	複勝回収率
2020▸2021	1	3	1	16	21	4.8%	19.0%	23.8%	20%	48%
2021▸2022	5	4	3	13	25	20.0%	36.0%	48.0%	77%	118%
2022▸2023	2	1	4	13	20	10.0%	15.0%	35.0%	220%	404%

まるでテーマパーク？ 若駒たちが楽しむ姿をとくとご覧あれ！

新潟芝1600mほど見ていて気持ちの良いコースはないだろう。日本一長い直線を携えていて、直線に急坂がなくフラット。もしかすると、馬達も走りやすいと思っているかもしれない。そんな新潟芝外1600mでは、前走時もこのコースであることが、走る馬達のテンションをぶち上げている。我々人間が、テーマパークに何度通っても飽きないことと同義なのだろう。

前走時の4コーナー通過順位が11番手以下だと、【0・0・2・14】と好走数がガタ落ちする。直線が長いコースとはいえ、確実性を求めるならば後ろ過ぎない位置を確保しなければならない。

4歳以下であれば「正ウルトラ」を満たすのだが、このデータが最も活きたのは新潟2歳S。21年3着オタルエバー、22年1着キタウイング、23年3着クリーンエアが「正ウルトラ」に該当して好走。新潟芝1600mというテーマパークで遊びつくす若駒たちの姿を、とくとご覧あれ！

菅原明良騎手×12頭立て以上×1〜7枠

適用可能コース

新潟芝1800m外・新潟芝2000m外

3着内率 42.2%

複勝回収率 181%

準々ウルトラ

鞍上が菅原明良騎手

1着	2着	3着	4着以下	計	勝率	連対率	3着内率	単回率	複回率
9	3	13	43	68	13.2%	17.6%	36.8%	154%	131%

準ウルトラ

出走頭数が12頭以上

1着	2着	3着	4着以下	計	勝率	連対率	3着内率	単回率	複回率
9	1	10	31	51	17.6%	19.6%	39.2%	206%	162%

正ウルトラ

枠番が1〜7枠

1着	2着	3着	4着以下	計	勝率	連対率	3着内率	単回率	複回率
8	1	10	26	45	17.8%	20.0%	42.2%	223%	181%

総合成績

1着−2着−3着−着外／総件数	8−1−10−26／45

勝率	連対率	3着内率
17.8%	20.0%	42.2%

単勝回収率	複勝回収率
223%	181%

時系列成績

	1着	2着	3着	4着以下	計	勝率	連対率	3着内率	単勝回収率	複勝回収率
2020▶2021	3	1	6	12	22	13.6%	18.2%	45.5%	246%	222%
2021▶2022	3	0	0	10	13	23.1%	23.1%	23.1%	239%	80%
2022▶2023	2	0	4	4	10	20.0%	20.0%	60.0%	153%	221%

活躍はＷｉｔｈカラテだけじゃない？イケイケの若武者がアツイ！

今年でデビュー5年目を迎えた菅原明良騎手。着々と勝ち星を積み重ね、関東リーディングでは常に上位に顔を出すようになった。最近ではお手馬カラテとのコンビで、新潟競馬場の重賞を2勝。Ｗｉｔｈカラテの活躍もスゴイが、新潟芝１８００ｍと芝外２０００ｍでは、集計期間内においては、あの川田将雅騎手よりも多く勝っているのだ。

少頭数のレースではやや破壊力が落ちるようで、11頭以下だと【0・2・3・12】と勝ち星はゼロ。それでも最下位に沈んだことは1度しかないため、この2コースが得意ということは確かなのだろう。

「正ウルトラ」は1～7枠であれば条件クリア。これは当コースの8枠成績が全体的に悪いという影響を受けている。菅原明良騎手は大外枠でもさほど成績を落とさないが、1～7枠ならより確実性が増す。

先述の通り、様々な場面での活躍が目立ちつつある菅原明良騎手。馬券妙味のあるうちに、しっかり回収したい。

新潟芝2000m内

NO064

父がステイゴールド系種牡馬×12頭立て以上×負担重量52kg以上

適用可能コース

新潟芝2000m内

3着内率	複勝回収率
41.2%	247%

準々ウルトラ

父がステイゴールド系種牡馬

1着	2着	3着	4着以下	計	勝率	連対率	3着内率	単回率	複回率
4	5	8	37	54	7.4%	16.7%	31.5%	93%	161%

準ウルトラ

出走頭数が12頭以上

1着	2着	3着	4着以下	計	勝率	連対率	3着内率	単回率	複回率
4	5	6	27	42	9.5%	21.4%	35.7%	120%	203%

正ウルトラ

負担重量が52kg以上

1着	2着	3着	4着以下	計	勝率	連対率	3着内率	単回率	複回率
3	5	6	20	34	8.8%	23.5%	41.2%	142%	247%

総合成績

1着－2着－3着－着外／総件数	3－5－6－20／34
勝率	8.8%
連対率	23.5%
3着内率	41.2%
単勝回収率	142%
複勝回収率	247%

時系列成績

	1着	2着	3着	4着以下	計	勝率	連対率	3着内率	単勝回収率	複勝回収率
2020▶2021	2	2	3	9	16	12.5%	25.0%	43.8%	55%	393%
2021▶2022	0	1	1	4	6	0.0%	16.7%	33.3%	0%	111%
2022▶2023	1	2	2	7	12	8.3%	25.0%	41.7%	329%	121%

「特殊さ」が破壊力抜群の配当を呼ぶ?破天荒なステゴ系に要注目!

ステイゴールド自身も破天荒な馬だったが、産駒やその孫たちもその破天荒さを受け継いでいる。新潟芝2000m内回り戦は、新馬戦と未勝利戦のみ行われている特殊な条件。特殊なステイゴールド系が故に、特殊なコースが大好きなようで、破壊力抜群の馬券を量産している。

外回りコースと違って3、4コーナーでごった返すことが多い条件。頭数が増えるほどその確率が高くなるが、その状況がかえってステゴの血を引く馬達の闘志を燃やすこととなる。それを示しているのが「準ウルトラ」だ。

「正ウルトラ」の条件は負担重量が52kg以上であること。他馬よりも斤量が極端に軽いと、闘志を燃やさないのかもしれない。(これは半ば冗談だが。)

冒頭で述べた「破壊力抜群」の根拠となるのが、「正ウルトラ」の単勝オッズ20倍以上の成績。4度3着内に入っており、複勝回収率は377%と、回収率も破天荒な数字を叩き出している。

新潟芝2200m内

NO065

父がディープインパクト系種牡馬×前走馬体重460kg以上×16頭立て以下

適用可能コース

新潟芝2200m内

3着内率	複勝回収率
37.0%	178%

準々ウルトラ

父がディープインパクト系種牡馬

1着	2着	3着	4着以下	計	勝率	連対率	3着内率	単回率	複回率
6	9	9	65	89	6.7%	16.9%	27.0%	69%	115%

準ウルトラ

前走の馬体重が460kg以上

1着	2着	3着	4着以下	計	勝率	連対率	3着内率	単回率	複回率
4	7	7	38	56	7.1%	19.6%	32.1%	96%	149%

正ウルトラ

出走頭数が16頭以下

1着	2着	3着	4着以下	計	勝率	連対率	3着内率	単回率	複回率
3	7	7	29	46	6.5%	21.7%	37.0%	110%	178%

総合成績

1着－2着－3着－着外／総件数	3－7－7－29／46
勝率	6.5%
連対率	21.7%
3着内率	37.0%
単勝回収率	110%
複勝回収率	178%

時系列成績

	1着	2着	3着	4着以下	計	勝率	連対率	3着内率	単勝回収率	複勝回収率
2020→2021	2	2	2	7	13	15.4%	30.8%	46.2%	370%	241%
2021→2022	0	3	3	8	14	0.0%	21.4%	42.9%	0%	102%
2022→2023	1	2	2	14	19	5.3%	15.8%	26.3%	13%	191%

まだまだ止まらぬディープの勢い 2世の開拓がカギに

昨年度版『ウルトラ回収率』にも似たようなデータを紹介したが、新潟芝2200mでは、ディープインパクト系を父に持つ馬の好走が目立つ。

「正ウルトラ」該当馬のディープインパクト直仔成績は【1・4・3・16】。今後、産駒は減っていくため、ディープインパクトを祖父、あるいは曾祖父に持つ馬の頑張りを予測しなければならない。

その最有力候補はキズナ。「正ウルトラ」該当馬は【0・0・3・3】と勝ち星はなし。しかし、23年7月30日の3歳未勝利戦では、単勝13番人気のボンフェットが3着に入り、3連単134万7600円の高配当を演出。ちなみに次点は21年に産駒がデビューし、【0・1・1・1】の成績を残しているシルバーステート産駒だ。

また、新潟芝2200mの性質上、瞬発力に長けたタイプよりも、持続力に長けたタイプの種牡馬を選ぶことが攻略につながる。

NO066

父がキングカメハメハ系種牡馬×1～4枠

適用可能コース

新潟芝2200m内・新潟芝2400m内

3着内率 34.1%

複勝回収率 255%

準ウルトラ 父がキングカメハメハ系種牡馬

1着	2着	3着	4着以下	計	勝率	連対率	3着内率	単回率	複回率
13	8	7	82	110	11.8%	19.1%	25.5%	374%	138%

正ウルトラ 枠番が1～4枠

1着	2着	3着	4着以下	計	勝率	連対率	3着内率	単回率	複回率
6	5	4	29	44	13.6%	25.0%	34.1%	881%	255%

超ウルトラ 性が牡・セン

1着	2着	3着	4着以下	計	勝率	連対率	3着内率	単回率	複回率
3	5	4	17	29	10.3%	27.6%	41.4%	1152%	335%

総合成績

1着－2着－3着－着外／総件数	6－5－4－29／44
勝率	13.6%
連対率	25.0%
3着内率	34.1%
単勝回収率	881%
複勝回収率	255%

時系列成績

	1着	2着	3着	4着以下	計	勝率	連対率	3着内率	単勝回収率	複勝回収率
2020▶2021	2	3	2	10	17	11.8%	29.4%	41.2%	184%	97%
2021▶2022	1	1	1	8	11	9.1%	18.2%	27.3%	41%	244%
2022▶2023	3	1	1	11	16	18.8%	25.0%	31.3%	2198%	430%

こちらも止まらぬキンカメの勢い 配当を求めるならドゥラよりもシップで

前頁ではディープインパクト系について取り上げたが、本頁ではその対をなすキングカメハメハ系についてピックアップする。同系の活躍が目立つコースは新潟芝２２００ｍおよび芝２４００ｍ。重賞レースの設定こそないが、この条件を勝った馬が、その後に重賞で活躍する例もしばしば見受けられる。

さて、キンカメ系といえば真っ先にドゥラメンテが思い浮かぶが、同産駒は人気になることが多く、「準ウルトラ」該当馬の単勝回収率は39%とイマイチ。これに対してルーラーシップ産駒は【５・５・３・24】の戦績で、単勝回収率は１２３％なので狙うならこちら。

「超ウルトラ」の単勝回収率が８８１％と、とてつもなく高い数字になっているが、これは単勝オッズ３２８・１倍の馬が勝利したことで引き上げられているという点には注意したい。ただ、これを除いても複勝回収率は１４９％なので、優秀であることは不変の事実である。

新潟ダ1200m NO067

津村明秀騎手×5歳以下

適用可能コース

新潟ダ1200m

3着内率 39.7%

複勝回収率 171%

準ウルトラ

鞍上が津村明秀騎手

1着	2着	3着	4着以下	計	勝率	連対率	3着内率	単回率	複回率
10	12	5	47	74	13.5%	29.7%	36.5%	143%	157%

正ウルトラ

馬齢が5歳以下

1着	2着	3着	4着以下	計	勝率	連対率	3着内率	単回率	複回率
10	12	5	41	68	14.7%	32.4%	39.7%	156%	171%

超ウルトラ

枠番が1～6枠

1着	2着	3着	4着以下	計	勝率	連対率	3着内率	単回率	複回率
7	11	5	32	55	12.7%	32.7%	41.8%	157%	192%

総合成績

1着－2着－3着－着外／総件数	10-12- 5 -41／68
勝率	14.7%
連対率	32.4%
3着内率	39.7%
単勝回収率	156%
複勝回収率	171%

時系列成績

	1着	2着	3着	4着以下	計	勝率	連対率	3着内率	単勝回収率	複勝回収率
2020▶2021	5	4	1	16	26	19.2%	34.6%	38.5%	184%	124%
2021▶2022	4	3	3	18	28	14.3%	25.0%	35.7%	108%	158%
2022▶2023	1	5	1	7	14	7.1%	42.9%	50.0%	199%	285%

今が旬のＪＲＡ競馬学校騎手過程20期生とある騎手がここにきて覚醒間近？

ＪＲＡ競馬学校騎手過程20期生の活躍が著しい。今年牝馬三冠を成し遂げた川田将雅騎手はもちろん、関西圏で堅実な成績を残している藤岡佑介騎手や、ローカル番長丹内祐次騎手らがおり、今が一番旬といえる世代かもしれない。そんななか、彼らと同期のある騎手が覚醒しようとしている。その騎手の名は、本文執筆時点（10月中旬）でキャリアハイの52勝更新間近の津村明秀騎手だ。

そんな津村騎手は新潟ダート１２００ｍで優れた成績を収めている。期間内の単勝回収率は１４３％を記録。ただし、６歳以上の馬に騎乗した際は６戦６敗。これを取り除いたのが「正ウルトラ」だ。

時系列でみると勝利数が減少傾向にあるが、ローカル開催に回ることが少なくなっているため、同コースでの騎乗が減っていることが要因。むしろ3着内率は上がっており、これは覚醒と称しても過言ではない。狙えるチャンスは少ないので、見逃さないようリマインドしておこう。

新潟ダ1200~1800m　NO068

父がホッコータルマエ×牝

適用可能コース

新潟ダ1200m・新潟ダ1800m

3着内率	複勝回収率
36.7%	151%

準ウルトラ

父がホッコータルマエ

1着	2着	3着	4着以下	計	勝率	連対率	3着内率	単回率	複回率
10	18	12	82	122	8.2%	23.0%	32.8%	98%	102%

正ウルトラ

性が牝

1着	2着	3着	4着以下	計	勝率	連対率	3着内率	単回率	複回率
4	9	5	31	49	8.2%	26.5%	36.7%	143%	151%

超ウルトラ

馬番が1~12番

1着	2着	3着	4着以下	計	勝率	連対率	3着内率	単回率	複回率
3	9	5	26	43	7.0%	27.9%	39.5%	136%	165%

総合成績

1着ー2着ー3着ー着外／総件数	4 - 9 - 5 -31／49
勝率	8.2%
連対率	26.5%
3着内率	36.7%
単勝回収率	143%
複勝回収率	151%

時系列成績

	1着	2着	3着	4着以下	計	勝率	連対率	3着内率	単勝回収率	複勝回収率
2020▶2021	0	1	4	9	14	0.0%	7.1%	35.7%	0%	100%
2021▶2022	1	4	0	9	14	7.1%	35.7%	35.7%	73%	93%
2022▶2023	3	4	1	13	21	14.3%	33.3%	38.1%	285%	222%

伝説は新潟で始まった タルマエ産駒で資金確保！

中央と地方の重賞競走を勝ちまくっていた現役時代のホッコータルマエ。計13勝を挙げているが、同馬にとって初重賞制覇だったのは実は新潟なのだ。産駒にとっても新潟競馬場は走りやすいようで、ダート１２００ｍと１８００ｍではトップクラスの好走率を誇る。

「正ウルトラ」は牝馬を買うことが条件である。牝馬限定戦では【1・7・2・16】だが、混合戦では【3・1・2・8】。混合戦では相対的に人気を落としやすい牝馬。ホッコータルマエ産駒の同コースにおける性別による戦績の差は大きくないので、牝馬を買うことが回収率の向上につながるのだ。

なおホッコータルマエ産駒は、自身が制したレパードS（GⅢ）では4戦4敗と不発な点には注意したい。実は好走の多くが新馬戦、未勝利戦、1勝クラス戦と下級条件に偏っている。本頁のデータはメインレースを迎えるまでの資金確保の役割と位置付けたい。

新潟ダ1800m

NO069

父がグラスワンダー系種牡馬×牡・セン×4歳以下

適用可能コース

新潟ダ1800m

3着内率	複勝回収率
46.2%	151%

準々ウルトラ

父がグラスワンダー系種牡馬

1着	2着	3着	4着以下	計	勝率	連対率	3着内率	単回率	複回率
13	14	10	57	94	13.8%	28.7%	39.4%	85%	113%

準々ウルトラ

性が牡・セン

1着	2着	3着	4着以下	計	勝率	連対率	3着内率	単回率	複回率
10	12	5	35	62	16.1%	35.5%	43.5%	99%	138%

正ウルトラ

馬齢が4歳以下

1着	2着	3着	4着以下	計	勝率	連対率	3着内率	単回率	複回率
10	10	4	28	52	19.2%	38.5%	46.2%	118%	151%

総合成績

1着－2着－3着－着外／総件数	10-10- 4 -28／ 52
勝率	19.2%
連対率	38.5%
3着内率	46.2%
単勝回収率	118%
複勝回収率	151%

時系列成績

	1着	2着	3着	4着以下	計	勝率	連対率	3着内率	単勝回収率	複勝回収率
2020▶2021	3	3	2	12	20	15.0%	30.0%	40.0%	34%	75%
2021▶2022	3	3	2	10	18	16.7%	33.3%	44.4%	152%	272%
2022▶2023	4	4	0	6	14	28.6%	57.1%	57.1%	194%	105%

夏競馬を攻略するうえで外せない（グラス）ワンダフルなアイテム！

本シリーズの監修者である伊吹雅也の単行本『血統&ジョッキー偏差値２０２３－２０２４』の「マストバイデータ」として同様の傾向を紹介したが、新潟ダート１８００mではグラスワンダー産駒に注目しなければならない。

データはグラスワンダー系というくくりにしているが、モーリス&スクリーンヒーローの親子が好走のほとんどを占めている点が特記事項。22年に種牡馬デビューしたゴールドアクター産駒が上記２頭以外で唯一勝ち星を挙げているので、今後の活躍に期待がかかる。

牝馬を取り除き、馬齢が４歳以下であれば「正ウルトラ」となる。特に３歳馬の活躍は目覚ましく、全10勝のうち８勝を挙げている。レース数が多い３歳未勝利戦はもちろん、レパードS（GⅢ）でも22年にカフジオクタゴンが勝利。「正ウルトラ」の活用方法は多岐にわたる。いずれにしても、夏競馬を攻略するうえで外せないワンダフルなアイテムである。グラス「ワンダー」系だけに。

新潟ダ1800m　NO070

前走小倉×3歳以下×前走9着以内

適用可能コース

新潟ダ1800m

3着内率	複勝回収率
48.7%	189%

準々ウルトラ

前走のコースが小倉

1着	2着	3着	4着以下	計	勝率	連対率	3着内率	単回率	複回率
25	13	19	129	186	13.4%	20.4%	30.6%	82%	111%

準ウルトラ

馬齢が3歳以下

1着	2着	3着	4着以下	計	勝率	連対率	3着内率	単回率	複回率
19	9	14	69	111	17.1%	25.2%	37.8%	107%	147%

正ウルトラ

前走の着順が9着以内

1着	2着	3着	4着以下	計	勝率	連対率	3着内率	単回率	複回率
17	9	12	40	78	21.8%	33.3%	48.7%	133%	189%

総合成績

1着－2着－3着－着外／総件数	17－9－12－40／78

勝率	21.8%	連対率	33.3%	3着内率	48.7%

単勝回収率	133%	複勝回収率	189%

時系列成績

	1着	2着	3着	4着以下	計	勝率	連対率	3着内率	単勝回収率	複勝回収率
2020▶2021	6	2	6	19	33	18.2%	24.2%	42.4%	126%	240%
2021▶2022	7	5	3	11	26	26.9%	46.2%	57.7%	83%	176%
2022▶2023	4	2	3	10	19	21.1%	31.6%	47.4%	212%	116%

日本海側は魚がおいしいだけじゃない？
前走小倉組が破壊力抜群

新潟競馬場と小倉競馬場。距離は遠く、コース形態も異なるし、距離設定も少し違う。と、共通点はあまりない。強いて言えばおいしい魚をおなか一杯食べられる、日本海側であることくらいか。さて、不思議なことに新潟ダート１８００ｍにおいては、前走小倉組が猛威を振るっている。

全25勝のうち、19勝が３歳馬。また、前走ダート組の好走が多いのはもちろん、芝組が水を得た魚のように穴をあけまくっていることが本データの面白いところだろう。

前走二桁着順の馬を削れば「正ウルトラ」にグレードアップ。３着内率は48・７%と、なかなかに破壊力抜群な数字である。

さて、本頁の「正ウルトラ」はとある条件でパーフェクトを記録。それは【３・１・０・０】の２勝クラスでの成績だ。１番人気が１頭でこの成績なので、あまりにも出来過ぎている。本頁のデータを活用して馬券を的中し、日本海側で採れた魚を堪能したいところ。

No.052　新潟芝1600m外攻略

前作の的中実績 **5**

前走4角1番手×前走馬体重450kg以上×枠番が4～8枠

新潟芝1600m外　NO 052

前走4角1番手×前走馬体重450kg以上

適用可能コース
新潟芝1600m外

複勝率 **42.1%**　複勝回収率 **156%**

準ウルトラ　**前走の4コーナー通過順が1番手**

1着	2着	3着	4着以下	計	勝率	連対率	複勝率	単回率	複回率
11	6	9	46	72	15.3%	23.6%	36.1%	84%	128%

正ウルトラ　**前走の馬体重が450kg以上**

1着	2着	3着	4着以下	計	勝率	連対率	複勝率	単回率	複回率
10	5	9	33	57	17.5%	26.3%	42.1%	103%	156%

超ウルトラ　**枠番が4～8枠**

1着	2着	3着	4着以下	計	勝率	連対率	複勝率	単回率	複回率
8	4	9	23	44	18.2%	27.3%	47.7%	114%	189%

120

前走逃げ切り勝ちのスタミナが活きる舞台！

前作にて紹介した当コースの「超ウルトラ」が、「前走4コーナー通過順が1番手」×「前走の馬体重が450kg以上」×「枠番が4～8枠」というもの。新潟外回りコースの直線距離は658mと日本最長の長さを誇る。そのイメージから末脚性能に長けた差し馬を狙いたくなるが、実は持続的に脚を使えるスタミナが必要なのがこのコースの特徴。妙味があるのは後方からの差し馬ではなく、むしろ前走4コーナーを1番手で通過した馬だ。新潟2歳Sは、新馬戦・未勝利戦を勝ち抜いてきた世代上位馬が揃う出世レース。各馬の能力も拮抗し、予想ファクターが少ない

2歳戦では、本書のデータを予想の手がかりにしたいところ。当レース唯一の「超ウルトラ」に該当していたのが、前走逃げ切り勝ちのショウナンマヌエラ。ここでもそのスタミナを活かして、ラストはわずかに差し脚の勝ったアスコリピチェーノに先着されはしたものの、10番人気ながら2着に粘る好走を見せ、妙味ある配当を演出した。

2023/8/27　新潟11R

新潟2歳S

1着　⑫アスコリピチェーノ（1人気）

2着　⑥ショウナンマヌエラ（10人気）　超ウルトラ該当!

3着　⑪クリーンエア（4人気）

単勝／⑫370円　複勝／⑫160円 ⑥1,060円 ⑪200円　馬連／⑥⑫16,310円
馬単／⑥⑫23,930円　3連複／⑥⑪⑫27,870円　3連単／⑫⑥⑪181,860円

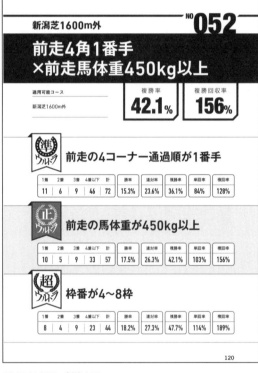

ウルトラ回収率

2024-2025

中京競馬場

CHUKYO Race Course

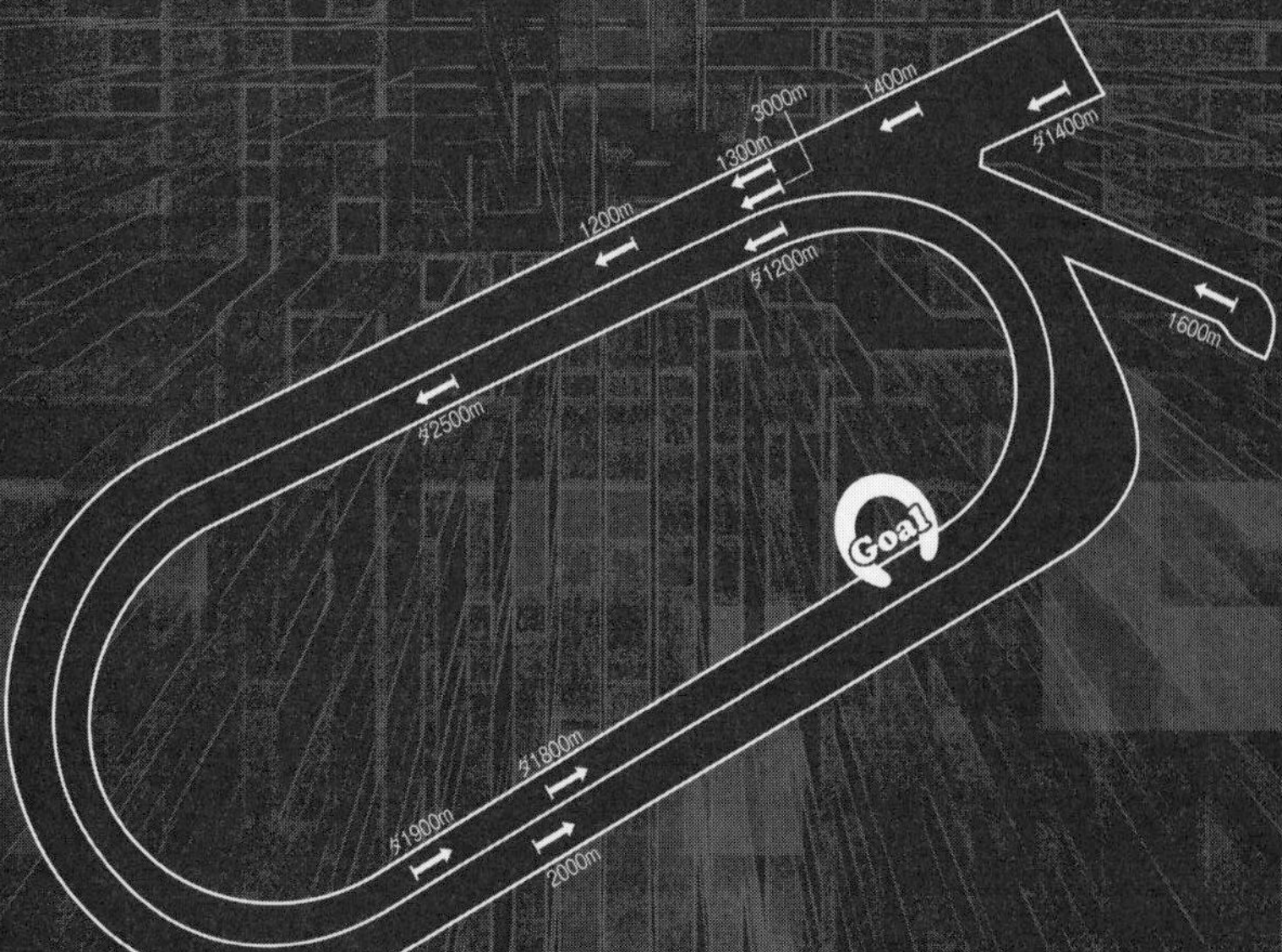

中京芝1200m　NO 071

父がロードカナロア×前走6着以内

適用可能コース

中京芝1200m

3着内率 **38.0%**

複勝回収率 **209%**

準ウルトラ　父がロードカナロア

1着	2着	3着	4着以下	計	勝率	連対率	3着内率	単回率	複回率
17	10	6	94	127	13.4%	21.3%	26.0%	205%	120%

正ウルトラ　前走の着順が6着以内

1着	2着	3着	4着以下	計	勝率	連対率	3着内率	単回率	複回率
10	6	3	31	50	20.0%	32.0%	38.0%	303%	209%

超ウルトラ　負担重量が減量なし

1着	2着	3着	4着以下	計	勝率	連対率	3着内率	単回率	複回率
10	6	2	27	45	22.2%	35.6%	40.0%	337%	228%

総合成績

1着－2着－3着－着外／総件数	10－6－3－31／50
勝率	20.0%
連対率	32.0%
3着内率	38.0%
単勝回収率	303%
複勝回収率	209%

時系列成績

	1着	2着	3着	4着以下	計	勝率	連対率	3着内率	単勝回収率	複勝回収率
2020▶2021	5	2	0	6	13	38.5%	53.8%	53.8%	730%	211%
2021▶2022	2	1	3	14	20	10.0%	15.0%	30.0%	97%	277%
2022▶2023	3	3	0	11	17	17.6%	35.3%	35.3%	220%	128%

尾張の電撃戦は龍王の庭 相手が強い時にこそ買うべし

４歳秋のスプリンターズＳ制覇を皮切りに、同競走と香港Ｃの連覇を含むＧⅠ６勝を挙げたロードカナロア。その勢いは種牡馬入りしても衰えず、サートゥルナーリアや、アーモンドアイといった中距離以上の本格派までをも輩出し、自身のイメージを覆した。とは言え産駒の大多数は父らしさを受け継いでおり、ここ中京芝１２００ｍでは、ベタ買いするだけでも大幅なプラス収支を計上。前走で大敗していた馬を避けるだけで、単複の回収率は３００％・２００％を超えてくる。

特徴的なのは上級条件での強さで、集計期間中に挙げた17勝のうち、15勝が1勝クラス以上。その内訳も、２勝クラスで５勝、３勝クラスで４勝、オープンクラスで４勝。

このうち２勝が高松宮記念（21年ダノンスマッシュ・23年ファストフォース）であり、３連単２７８万馬券の特大波乱となった22年も、同産駒の３着キルロードが立役者であった。特別戦での勝負強さは強調しておきたい。

中京芝1200m

NO 072

前走上がり2位以内×前走馬体重460kg以上×前走同距離

適用可能コース

中京芝1200m

3着内率	複勝回収率
46.6%	160%

準々ウルトラ

前走の上がり3ハロンタイム順位が2位以内

1着	2着	3着	4着以下	計	勝率	連対率	3着内率	単回率	複回率
24	26	23	141	214	11.2%	23.4%	34.1%	153%	104%

準ウルトラ

前走の馬体重が460kg以上

1着	2着	3着	4着以下	計	勝率	連対率	3着内率	単回率	複回率
19	19	16	72	126	15.1%	30.2%	42.9%	238%	143%

正ウルトラ

前走のコースが今回と同じ距離

1着	2着	3着	4着以下	計	勝率	連対率	3着内率	単回率	複回率
19	15	14	55	103	18.4%	33.0%	46.6%	291%	160%

総合成績

1着－2着－3着－着外／総件数	19-15-14-55／103
勝率	18.4%
連対率	33.0%
3着内率	46.6%
単勝回収率	291%
複勝回収率	160%

時系列成績

	1着	2着	3着	4着以下	計	勝率	連対率	3着内率	単勝回収率	複勝回収率
2020▶2021	6	3	3	19	31	19.4%	29.0%	38.7%	460%	142%
2021▶2022	6	6	5	21	38	15.8%	31.6%	44.7%	187%	165%
2022▶2023	7	6	6	15	34	20.6%	38.2%	55.9%	254%	171%

国内で最も後半の脚が重要なスプリント戦
恐れずにイメージの裏を突いて儲けよう

短距離ほど前走のテン３Ｆが速い馬が売れやすく、マイル～中距離あたりになると、前走の上がり３Ｆが速い馬が売れやすい傾向にある。これは、小回り・直線の長い大箱のコースにも似たことが言える。中京芝１２００ｍは直線が長いものの、距離のイメージからか前者が人気になりやすいようで、結果的に前走で速い上がりをマークしていた馬に妙味が生じている。直線の登り勾配２％は中山に次ぐ急坂なので、馬力が必要なのも特徴。馬体重は４６０kgを目安としたい。そして、その前走も同じ距離であれば、再現性の期待度も増し、「正ウルトラ」の数字となる。

分かりやすい例としては、23年シルクロードＳ（ＧⅢ）で、「正ウルトラ」に該当していた2着ファストフォース・3着マッドクールが該当。続く高松宮記念（ＧⅠ）でも、1着ファストフォース・2着ナムラクレアが該当。昨年版にもほぼ同様の傾向を紹介したので貢献できたかと思うが、改めて来春への備忘録としたい。

中京芝1400m

NO 073

前走上がり1位×1～5番×5歳以下

適用可能コース

中京芝1400m

3着内率	複勝回収率
58.5%	165%

準々ウルトラ

前走の上がり3ハロンタイム順位が1位

1着	2着	3着	4着以下	計	勝率	連対率	3着内率	単回率	複回率
13	20	11	79	123	10.6%	26.8%	35.8%	86%	102%

準ウルトラ

馬番が1～5番

1着	2着	3着	4着以下	計	勝率	連対率	3着内率	単回率	複回率
7	11	6	22	46	15.2%	39.1%	52.2%	170%	147%

正ウルトラ

馬齢が5歳以下

1着	2着	3着	4着以下	計	勝率	連対率	3着内率	単回率	複回率
7	11	6	17	41	17.1%	43.9%	58.5%	191%	165%

総合成績

1着－2着－3着－着外／総件数	7－11－6－17／41

勝率	連対率	3着内率
17.1%	43.9%	58.5%

単勝回収率	複勝回収率
191%	165%

時系列成績

	1着	2着	3着	4着以下	計	勝率	連対率	3着内率	単勝回収率	複勝回収率
2020▸2021	2	3	4	3	12	16.7%	41.7%	75.0%	217%	200%
2021▸2022	3	0	1	10	14	21.4%	21.4%	28.6%	308%	98%
2022▸2023	2	8	1	4	15	13.3%	66.7%	73.3%	60%	199%

内枠で息をひそめる「前走上がり1位」が高配当を掴むためのキーマン

前のページで紹介した中京芝１２００ｍと同じく、この中京芝１４００ｍもまた、前走で出走メンバー中、上位の上がり３Ｆタイムをマークした馬が優秀な成績を収めている。メカニズムについては概ね同様と考えられるが、１２００ｍと比べると逃げ馬が捕まるイメージが浸透しているようなので、〝前走上がり1位〟に照準を絞りたい。

なお、同コースで行われるファルコンSの傾向にも見られるように、近年のこのコースは内枠有利が顕著でもある。ここでは「準ウルトラ」の条件に設定したとおり、馬番1～5番に注目して頂きたい。あとは高齢馬を避けるだけで、「正ウルトラ」のとおり、複勝率は6割近くまで上昇する。

23年7月22日の中京11R・豊明S（3勝クラス）は3連単22万馬券の波乱決着。その立役者となったのが11番人気ながら2着に激走したタガノペカ（単勝オッズ28・8倍）。同馬のような人気薄を見落とさないためにも、このコースの番組では内から順に上がり順位をチェックしたい。

藤岡佑介騎手×父がサンデーサイレンス系以外の種牡馬×2～8枠

適用可能コース

中京芝1400m･中京芝1600m
中京芝2000m･中京芝2200m

3着内率	複勝回収率
58.0%	184%

準々ウルトラ

鞍上が藤岡佑介騎手

1着	2着	3着	4着以下	計	勝率	連対率	3着内率	単回率	複回率
15	11	19	60	105	14.3%	24.8%	42.9%	86%	112%

準ウルトラ

父がサンデーサイレンス系以外の種牡馬

1着	2着	3着	4着以下	計	勝率	連対率	3着内率	単回率	複回率
7	9	14	24	54	13.0%	29.6%	55.6%	90%	175%

正ウルトラ

枠番が2～8枠

1着	2着	3着	4着以下	計	勝率	連対率	3着内率	単回率	複回率
6	9	14	21	50	12.0%	30.0%	58.0%	88%	184%

総合成績

1着−2着−3着−着外／総件数	6 - 9 -14-21／50
勝率	12.0%
連対率	30.0%
3着内率	58.0%
単勝回収率	88%
複勝回収率	184%

時系列成績

	1着	2着	3着	4着以下	計	勝率	連対率	3着内率	単勝回収率	複勝回収率
2020▶2021	4	6	4	10	24	16.7%	41.7%	58.3%	164%	169%
2021▶2022	2	2	4	10	18	11.1%	22.2%	44.4%	27%	103%
2022▶2023	0	1	6	1	8	0.0%	12.5%	87.5%	0%	413%

ジョッキー界屈指の頭脳派が
コンスタントに高配当を提供する舞台

２００４年のデビューから20年目を迎えた藤岡佑介騎手。同期に川田将雅騎手、吉田隼人騎手、津村明秀騎手、丹内祐次騎手ら、旬を迎えている世代の一角だ。騎乗数も多いだけに馬券的な相性が分かれる印象のある藤岡佑介騎手だが、苦手意識のある方にも注目して欲しいのが中京芝。１２００ｍを除けばベタ買いでも複勝回収率は１１２％もあるからだ。もちろん、父サンデー系でも成績を残しているが、人気薄での激走は他系統の種牡馬の産駒に跨った際に多く見られる。１枠が特別に悪いわけではないが、２枠から外のケースでの安定感を見ると避けた方が賢明だ。

23年は夏の開催までに「正ウルトラ」該当馬に騎乗した４回、のべ４頭全てを馬券圏内に導いており、中でも１月９日の７Ｒ（３歳未勝利・芝２０００ｍ）では11番人気のハイランドリンクス（単勝オッズ61・９倍）を先行させて３着に粘った。京都の代替開催が終わって狙える機会が減少するが、23年末・24年３月に活かしていただきたい。

中京芝1600m

NO 075

父がディープインパクト系種牡馬×3歳以下×前走馬体重450kg以上

適用可能コース

中京芝1600m

3着内率 **41.7%**

複勝回収率 **198%**

準々ウルトラ

父がディープインパクト系種牡馬

1着	2着	3着	4着以下	計	勝率	連対率	3着内率	単回率	複回率
36	32	41	335	444	8.1%	15.3%	24.5%	78%	114%

準ウルトラ

馬齢が3歳以下

1着	2着	3着	4着以下	計	勝率	連対率	3着内率	単回率	複回率
28	24	27	214	293	9.6%	17.7%	27.0%	95%	136%

正ウルトラ

前走の馬体重が450kg以上

1着	2着	3着	4着以下	計	勝率	連対率	3着内率	単回率	複回率
19	17	17	74	127	15.0%	28.3%	41.7%	139%	198%

総合成績

1着－2着－3着－着外／総件数	19-17-17-74／127
勝率	15.0%
連対率	28.3%
3着内率	41.7%
単勝回収率	139%
複勝回収率	198%

時系列成績

	1着	2着	3着	4着以下	計	勝率	連対率	3着内率	単勝回収率	複勝回収率
2020▶2021	6	6	6	22	40	15.0%	30.0%	45.0%	42%	167%
2021▶2022	3	5	4	21	33	9.1%	24.2%	36.4%	359%	261%
2022▶2023	10	6	7	31	54	18.5%	29.6%	42.6%	77%	183%

直仔が大活躍したコースで後継種牡馬たちも激走を量産中

長らく日本競馬界を席巻してきた大種牡馬ディープインパクト。この中京芝１６００ｍでも好成績を収めてきたが、孫世代も順調に活躍している。直仔としては最終世代となる23年の３歳世代までと、孫世代の合算が「準々ウルトラ」の数字。馬券絡みの多い２～３歳・馬体重４５０kg以上に限れば「正ウルトラ」のとおり、高い好走率と回収率をマークしている。孫世代の中でも抜きん出ているのがキズナ産駒。上位人気での安定感が破格である一方で、人気薄も奮闘。23年７月１日の７Ｒ（３歳未勝利）では14番人気のジャンマギアーナ（単勝オッズ１２２・２倍）が２着に激走。１・３着が１・２番人気だった中でも３連複１万４１２０円、３連単９万９６２０円まで配当を押し上げた。

今回の集計期間中に勝ち馬を出した種牡馬は、シルバーステート、エイシンヒカリ、サトノダイヤモンド、リアルスティール、リアルインパクト。２着までだがディーマジェスティ、スピルバーグらがいる。引き続き要注目だ。

中京芝1600m

NO 076

前走同コース×牡・セン×前走13頭立て以上

適用可能コース

中京芝1600m

3着内率	複勝回収率
49.3%	179%

準々ウルトラ

前走のコースが中京芝1600m

1着	2着	3着	4着以下	計	勝率	連対率	3着内率	単回率	複回率
22	29	29	142	222	9.9%	23.0%	36.0%	100%	118%

準ウルトラ

性が牡・セン

1着	2着	3着	4着以下	計	勝率	連対率	3着内率	単回率	複回率
11	19	21	60	111	9.9%	27.0%	45.9%	53%	146%

正ウルトラ

前走の出走頭数が13頭以上

1着	2着	3着	4着以下	計	勝率	連対率	3着内率	単回率	複回率
7	12	18	38	75	9.3%	25.3%	49.3%	34%	179%

総合成績

1着−2着−3着−着外／総件数	7-12-18-38／75
勝率	9.3%
連対率	25.3%
3着内率	49.3%
単勝回収率	34%
複勝回収率	179%

時系列成績

	1着	2着	3着	4着以下	計	勝率	連対率	3着内率	単勝回収率	複勝回収率
2020→2021	2	3	5	9	19	10.5%	26.3%	52.6%	25%	71%
2021→2022	3	7	7	7	24	12.5%	41.7%	70.8%	65%	314%
2022→2023	2	2	6	22	32	6.3%	12.5%	31.3%	16%	141%

続けて出走するだけで買いのサイン シンプルな手法が通用するコース

昨年度版の『ウルトラ回収率』でもほぼ同様の傾向を紹介したように、中京芝1600mでは同コースを続けて使った馬の期待値が高い。今回の集計期間中も単複ともに回収率は100%を超えており、牝馬と少頭数戦を除けば「正ウルトラ」たる、3着内率49・3%、複勝回収率179%の好成績である。

22年1月29日の白梅賞（3歳1勝クラス）はメンバー中に2頭いた「正ウルトラ」該当馬の5番人気カワキタレブリー（11・2倍）が1着、7番人気セルバーグ（単勝オッズ20・7倍）が3着に好走。3連複5万3360円、3連単34万6920円の高配当となった。

最後に付け加えると1番人気での成績も素晴らしく、今回の集計期間では1番人気が【4・6・3・0】の好成績だった。これは、京都の代替開催としてローカルではなく、西の本場開催で行われた効果も多分にあると思われるが、同一開催内での上位人気は注目に値すると考えたい。

中京芝2000m

NO077

川田将雅騎手×14頭立て以上×関西馬

適用可能コース

中京芝2000m

3着内率 **85.2%**

複勝回収率 **152%**

準々ウルトラ

鞍上が川田将雅騎手

1着	2着	3着	4着以下	計	勝率	連対率	3着内率	単回率	複回率
30	14	12	30	86	34.9%	51.2%	65.1%	103%	101%

準ウルトラ

出走頭数が14頭以上

1着	2着	3着	4着以下	計	勝率	連対率	3着内率	単回率	複回率
13	5	5	7	30	43.3%	60.0%	76.7%	180%	137%

正ウルトラ

調教師の所属が栗東

1着	2着	3着	4着以下	計	勝率	連対率	3着内率	単回率	複回率
13	5	5	4	27	48.1%	66.7%	85.2%	200%	152%

総合成績

1着－2着－3着－着外／総件数	13-5-5-4／27

勝率	連対率	3着内率
48.1%	66.7%	85.2%

単勝回収率	複勝回収率
200%	152%

時系列成績

	1着－2着－3着－4着以下／計	勝率	連対率	3着内率	単勝回収率	複勝回収率
2020▶2021	7－2－2－2／13	53.8%	69.2%	84.6%	262%	161%
2021▶2022	1－0－2－2／5	20.0%	20.0%	60.0%	54%	142%
2022▶2023	5－3－1－0／9	55.6%	88.9%	100.0%	192%	144%

安定感バツグンゆえに妙味あり
人気でも素直に信頼してOK

今や名実ともに日本人ジョッキーのトップに立った川田将雅騎手。デビュー20年目の23年はリバティアイランドで牝馬三冠を達成し、代名詞とも言えるコンビとなった。

その安定感から、今では過剰人気ぎみになることもあるが、中京芝2000mの舞台では妙味がある。今回の集計期間中はベタ買いでも単複ともに回収率100%を超えており、〝14頭立て以上〟、〝関西馬〟というごく簡単な条件を加えるだけで「正ウルトラ」の数字にまで上昇する。

特筆すべきは連対率66・7%、3着内率85・2%という、異次元の安定感だろう。条件を絞り込めばこれだけ好走率の高いデータを抽出すること自体はできるが、単勝回収率200%、複勝回収率152%と並立することは稀。ましてや、この件数だとかなりレアケースであることは強調しておきたい。代替開催が終わって騎乗数は減少すると思われるが、今後も夏の重賞日やGⅠ施行日に狙うチャンスはあるはず。少ない機会を逃さずにモノにしたい。

中京芝2000m

NO078

幸英明騎手×前走別競馬場×中12週以内

適用可能コース

阪中京芝2000m

3着内率 37.7%

複勝回収率 150%

準々ウルトラ

鞍上が幸英明騎手

1着	2着	3着	4着以下	計	勝率	連対率	3着内率	単回率	複回率
5	11	15	76	107	4.7%	15.0%	29.0%	50%	99%

準ウルトラ

前走のコースが今回と異なる競馬場

1着	2着	3着	4着以下	計	勝率	連対率	3着内率	単回率	複回率
4	7	11	40	62	6.5%	17.7%	35.5%	67%	131%

正ウルトラ

前走との間隔が中12週以内

1着	2着	3着	4着以下	計	勝率	連対率	3着内率	単回率	複回率
4	6	10	33	53	7.5%	18.9%	37.7%	78%	150%

総合成績

1着－2着－3着－着外／総件数	4－6－10－33／53
勝率	7.5%
連対率	18.9%
3着内率	37.7%
単勝回収率	78%
複勝回収率	150%

時系列成績

	1着	2着	3着	4着以下	計	勝率	連対率	3着内率	単勝回収率	複勝回収率
2020►2021	1	2	2	15	20	5.0%	15.0%	25.0%	23%	121%
2021►2022	2	4	3	5	14	14.3%	42.9%	64.3%	54%	223%
2022►2023	1	0	5	13	19	5.3%	5.3%	31.6%	154%	127%

鉄人ゆえ騎乗機会の多さも魅力 幸を狙ってハッピーエンドを迎えよう

中京芝２０００ｍにおいて、人気でも妙味があり信頼すべきは川田将雅騎手。対して、穴で注目すべきは幸英明騎手。圧倒的な騎乗数で〝鉄人〟と呼ばれる幸騎手は、人気薄を多く馬券圏内に導いており、前走で中京以外を走っていた馬に限るだけでも複勝回収率１３１％。休み明けを除けば１５０％までも上昇する。騎乗馬の人気を考慮すると３着内率37・７％はかなり高い数字である。

中でも22年の５月、３回中京では大活躍で、同コースで７回騎乗したうち５回が馬券圏内。５月14日の11Ｒ都大路Ｓ（４歳以上オープン）では６番人気のダブルシャープ（単勝オッズ10・３倍）を２着に、５月21日の10ＲシドニーＴ（４歳以上３勝クラス）では８番人気リノキアナ（単勝オッズ28・３倍）を３着に好走させている。

なお、「正ウルトラ」該当馬のうち、レースでハナを切ったケースの８回では３着内率が５割。先行力のある馬ならさらに期待値が高くなりそうなので注目したい。

中京ダ1200m　NO079

父がシニスターミニスター×関西馬

適用可能コース

中京ダ1200m

3着内率	複勝回収率
38.5%	169%

準ウルトラ

父がシニスターミニスター

1着	2着	3着	4着以下	計	勝率	連対率	3着内率	単回率	複回率
12	7	7	47	73	16.4%	26.0%	35.6%	247%	154%

正ウルトラ

調教師の所属が栗東

1着	2着	3着	4着以下	計	勝率	連対率	3着内率	単回率	複回率
12	7	6	40	65	18.5%	29.2%	38.5%	278%	169%

超ウルトラ

性が牡・セン

1着	2着	3着	4着以下	計	勝率	連対率	3着内率	単回率	複回率
8	5	3	18	34	23.5%	38.2%	47.1%	464%	270%

総合成績

1着ー2着ー3着ー着外／総件数	12- 7 - 6 -40／ 65
勝率	18.5%
連対率	29.2%
3着内率	38.5%
単勝回収率	278%
複勝回収率	169%

時系列成績

	1着	2着	3着	4着以下	計	勝率	連対率	3着内率	単勝回収率	複勝回収率
2020▸2021	0	0	2	9	11	0.0%	0.0%	18.2%	0%	37%
2021▸2022	8	6	1	21	36	22.2%	38.9%	41.7%	91%	67%
2022▸2023	4	1	3	10	18	22.2%	27.8%	44.4%	821%	452%

芯に当たった時の飛距離は場外弾
中京ダ１２００ｍのＢＩＧスター

芝１２００ｍはロードカナロア産駒のベタ買いで儲かる一方で、ダ１２００ｍでそれにあたるのがシニスターミニスターだ。当シリーズの監修者である伊吹雅也の単行本、『血統&ジョッキー偏差値２０２３ー２０２４』でも紹介しているように、今回の集計期間中は複勝回収率１５４％もあり、関西馬に限定するだけで「正ウルトラ」の成績。牝馬の成績も十分だが、牡・セン馬に限れば「超ウルトラ」な、単勝回収率４６４％、複勝回収率２７０％にも伸びる。

22年５回中京では固め打ちが目立ち、９月10日の12Ｒ（３歳以上２勝クラス）では、ラインガルーダ（単勝31・３倍）がハナを切って５馬身差の快勝。３連単78万馬券の特大波乱を演出した。さらに同開催の最終日、10月２日の２Ｒ（２歳未勝利）でナムラジョシュア（単勝１００・５倍）が勝ち、こちらは３連単１５７万馬券とさらに大きな波乱を巻き起こした。ムラのある産駒も多く人気薄でも気を抜けないのが特徴のひとつ。一方で人気馬は安定している。

父がヘニーヒューズ×6～8枠

適用可能コース

中京ダ1200m

3着内率	複勝回収率
45.5%	151%

準ウルトラ 父がヘニーヒューズ

1着	2着	3着	4着以下	計	勝率	連対率	3着内率	単回率	複回率
11	15	10	72	108	10.2%	24.1%	33.3%	59%	106%

正ウルトラ 枠番が6～8枠

1着	2着	3着	4着以下	計	勝率	連対率	3着内率	単回率	複回率
5	9	6	24	44	11.4%	31.8%	45.5%	78%	151%

超ウルトラ 調教師の所属が栗東

1着	2着	3着	4着以下	計	勝率	連対率	3着内率	単回率	複回率
5	8	6	19	38	13.2%	34.2%	50.0%	90%	168%

総合成績

1着－2着－3着－着外／総件数	5－9－6－24／44
勝率	11.4%
連対率	31.8%
3着内率	45.5%
単勝回収率	78%
複勝回収率	151%

時系列成績

	1着	2着	3着	4着以下	計	勝率	連対率	3着内率	単勝回収率	複勝回収率
2020▶2021	3	3	3	8	17	17.6%	35.3%	52.9%	145%	201%
2021▶2022	2	2	1	7	12	16.7%	33.3%	41.7%	80%	135%
2022▶2023	0	4	2	9	15	0.0%	26.7%	40.0%	0%	106%

外枠を引いたらスイッチオン ヘニーヒューズ産駒が持ち味を活かす舞台

中京ダ１２００ｍで買い続けるだけで儲かる種牡馬としてヘニーヒューズも取り上げたい。こちらも『血統＆ジョッキー偏差値２０２３－２０２４』でも「マストバイデータ」として紹介したように、似た傾向が出ている。シニスターミニスターとの違いは、人気薄の激走が外枠に偏っている点。揉まれることを嫌う産駒が多い傾向にあるので、多くのコースで外枠の方が好走率は高く、６〜８枠に限るだけで複勝回収率は１５１％にも上昇。さらに関西馬なら複勝率５割に達する「超ウルトラ」なデータとなる。

20年９月12日の９Ｒ（３歳以上１勝クラス）では、14番人気のタガノブディーノ（単勝73・３倍）が３着に追い込み、上位が２→１番人気の組み合わせながら３連単配当を７万馬券に押し上げた。本馬は同開催の９月27日７Ｒ（３歳以上１勝クラス・牝）でも６枠８番を引き当て、２着に好走。このように似たシチュエーションで複数回好走した例がいくつかあるので、儲けた馬は追いかけても面白い。

前走中京ダ1400m×前走4角4番手以内

適用可能コース

中京ダ1200m

3着内率	複勝回収率
40.2%	231%

準ウルトラ

前走のコースが中京ダ1400m

1着	2着	3着	4着以下	計	勝率	連対率	3着内率	単回率	複回率
17	17	14	120	168	10.1%	20.2%	28.6%	117%	141%

正ウルトラ

前走の4コーナー通過順が4番手以内

1着	2着	3着	4着以下	計	勝率	連対率	3着内率	単回率	複回率
13	12	8	49	82	15.9%	30.5%	40.2%	195%	231%

超ウルトラ

性が牡・セン

1着	2着	3着	4着以下	計	勝率	連対率	3着内率	単回率	複回率
9	7	7	30	53	17.0%	30.2%	43.4%	264%	294%

総合成績

1着－2着－3着－着外／総件数	13-12- 8 -49／ 82

勝　率	15.9%	連対率	30.5%	3着内率	40.2%

単勝回収率	195%	複勝回収率	231%

時系列成績

	1着－2着－3着－4着以下／計	勝率	連対率	3着内率	単勝回収率	複勝回収率
2020▶2021	4 － 3 － 3 － 11 ／ 21	19.0%	33.3%	47.6%	116%	264%
2021▶2022	3 － 6 － 2 － 23 ／ 34	8.8%	26.5%	32.4%	55%	83%
2022▶2023	6 － 3 － 3 － 15 ／ 27	22.2%	33.3%	44.4%	434%	392%

同じ中京での距離短縮が最後のひと押しに効果抜群

もう一つ中京ダ１２００ｍで有効なアプローチを紹介したい。こちらは昨年版の『ウルトラ回収率』にもほぼ同様の傾向を掲載していたが、今回の集計期間中も、前走で中京ダ１４００ｍを走っていた馬の成績が素晴らしい。

中京ダ１２００ｍはダートスタートのワンターン。直線の急坂を含め、起伏のない区間が少ないのが特徴的で、ゴール前の坂を超えてからも２００ｍ以上あるので単調なスピードで押し切るのは容易でない。そのためか、前走も中京で走っていた馬同士で比較しても同距離より、距離短縮で挑む馬の方が複勝率・複勝回収率ともに高く出ている。中でも、前走で先行していた馬の方が好走に繋がりやすい。

23年２月５日の10R令月Ｓ（４歳以上オープン）では、２頭いた「正ウルトラ」該当馬のケイアイターコイズ（２・９倍）が１着、コパノマーキュリー（72・５倍）が３着に好走。３連複でも２万６３８０円の高配当となった。前走で先行していた馬を狙うので同時好走も発生しやすい。

中京ダ1200〜1800m

NO 082

横山典弘騎手×前走8着以内×前走同距離以上

適用可能コース

中京ダ1200m・中京ダ1400m
中京ダ1800m

3着内率 **61.4%**

複勝回収率 **159%**

準々ウルトラ

鞍上が横山典弘騎手

1着	2着	3着	4着以下	計	勝率	連対率	3着内率	単回率	複回率
14	10	10	50	84	16.7%	28.6%	40.5%	138%	117%

準ウルトラ

前走の着順が8着以内

1着	2着	3着	4着以下	計	勝率	連対率	3着内率	単回率	複回率
10	10	8	25	53	18.9%	37.7%	52.8%	97%	134%

正ウルトラ

前走のコースが今回と同じ距離か今回より長い距離

1着	2着	3着	4着以下	計	勝率	連対率	3着内率	単回率	複回率
10	9	8	17	44	22.7%	43.2%	61.4%	117%	159%

総合成績

1着－2着－3着－着外／総件数	10- 9 - 8 -17／ 44
勝　率	22.7%
連対率	43.2%
3着内率	61.4%
単勝回収率	117%
複勝回収率	159%

時系列成績

	1着	2着	3着	4着以下	計	勝率	連対率	3着内率	単勝回収率	複勝回収率
2020▶2021	2	0	0	0	2	100.0%	100.0%	100.0%	295%	145%
2021▶2022	3	8	2	10	23	13.0%	47.8%	56.5%	63%	181%
2022▶2023	5	1	6	7	19	26.3%	31.6%	63.2%	165%	134%

代名詞のポツンを恐れずに買うべきシーン
ファンタジスタが鮮やかに好走を積み重ねる

２０２３年にはデビュー38年目を迎えた大ベテランの横山典弘騎手。この11月に熊沢重文騎手が引退を表明したことで、同期では唯一の現役ジョッキーとなった。なお、松永幹夫調教師（元騎手）とも同期である。

近年は栗東に軸足を置いており、中京での騎乗も増えた。馬券的な狙い目はダートの主要コースである。集計期間中はベタ買いでもご覧のとおりに好成績を収めており、大敗していた馬と、距離延長で挑んできた馬を避けるだけでも「正ウルトラ」の数字を計上している。複勝回収率もさることながら、３着内率61・４％が頼もしい。

22年１月30日は２Ｒ（３歳未勝利・ダ１８００ｍ）のジルバーン（単勝１・６倍）で人気に応えて快勝すると、12Ｒ（４歳以上１勝クラス・ダ１２００ｍ）ではレオパルドミノル（単勝７・８倍）も勝利に導いた。なお、横山典弘騎手と言えば昆貢厩舎とのタッグを連想しがちだが、本田優厩舎・安田翔伍厩舎の騎乗馬でも好成績を収めている。

中京ダ1400m

NO083

父がルーラーシップ×4歳以下×前走同クラス以上

適用可能コース

中京ダ1400m

3着内率 **35.5%**

複勝回収率 **207%**

準々ウルトラ

父がルーラーシップ

1着	2着	3着	4着以下	計	勝率	連対率	3着内率	単回率	複回率
6	9	8	63	86	7.0%	17.4%	26.7%	187%	156%

準ウルトラ

馬齢が4歳以下

1着	2着	3着	4着以下	計	勝率	連対率	3着内率	単回率	複回率
6	9	8	52	75	8.0%	20.0%	30.7%	215%	179%

正ウルトラ

前走の条件が今回より上のクラスか今回と同じクラス

1着	2着	3着	4着以下	計	勝率	連対率	3着内率	単回率	複回率
6	9	7	40	62	9.7%	24.2%	35.5%	260%	207%

総合成績

1着ー2着ー3着ー着外／総件数	6 - 9 - 7 -40／ 62
勝率	9.7%
連対率	24.2%
3着内率	35.5%
単勝回収率	260%
複勝回収率	207%

時系列成績

	1着 2着 3着 4着以下 計	勝率	連対率	3着内率	単勝回収率	複勝回収率
2020▶2021	1 ー 3 ー 1 ー 16 ／ 21	4.8%	19.0%	23.8%	27%	139%
2021▶2022	3 ー 1 ー 5 ー 19 ／ 28	10.7%	14.3%	32.1%	538%	281%
2022▶2023	2 ー 5 ー 1 ー 5 ／ 13	15.4%	53.8%	61.5%	36%	159%

イメージが薄い今こそ儲け時
ルーラーシップ産駒が激走を量産中

今や父系・母系ともに枝葉を大きく伸ばしているエアグルーヴの一族。直仔として息の長い種牡馬生活を送っているのがルーラーシップだ。菊花賞馬キセキを筆頭に、コンスタントに活躍馬を送り、23年もローズSを勝ち秋華賞でリバティアイランドに迫ったマスクトディーヴァを輩出している。そのルーラーシップ産駒には、ダートでの活躍も多い。中でも馬券的に強調できるのが、中京ダ１４００ｍ。

集計期間中はベタ買いでも単複ともに大幅なプラス収支を計上しており、４歳以下・昇級初戦および格上挑戦以外に絞り込むだけで「正ウルトラ」の数字にもなる。

二桁人気馬の激走が多くみられるのも特徴的で、中でも22年6月5日の４Ｒ（３歳未勝利）を勝ったウイングスオブラヴ（単勝オッズ１２２・７倍）や、22年6月12日の７Ｒ（３歳以上１勝クラス・牝）のレヴィーアクイーン（単勝オッズ１０３・９倍）は、それぞれ３連単29万馬券、78万馬券の特大波乱を演出している。

中京ダ1800～1900m　NO084

父がキズナ×前走右回り

適用可能コース

中京ダ1800m･中京ダ1900m

3着内率	複勝回収率
37.4%	176%

準ウルトラ

父がキズナ

1着	2着	3着	4着以下	計	勝率	連対率	3着内率	単回率	複回率
24	23	27	142	216	11.1%	21.8%	34.3%	209%	123%

正ウルトラ

前走のコースが右回り

1着	2着	3着	4着以下	計	勝率	連対率	3着内率	単回率	複回率
17	14	12	72	115	14.8%	27.0%	37.4%	365%	176%

超ウルトラ

性が牡･セン

1着	2着	3着	4着以下	計	勝率	連対率	3着内率	単回率	複回率
14	11	7	45	77	18.2%	32.5%	41.6%	477%	182%

総合成績

1着－2着－3着－着外／総件数	17-14-12-72／115
勝率	14.8%
連対率	27.0%
3着内率	37.4%
単勝回収率	365%
複勝回収率	176%

時系列成績

	1着	2着	3着	4着以下	計	勝率	連対率	3着内率	単勝回収率	複勝回収率
2020→2021	5	6	3	24	38	13.2%	28.9%	36.8%	696%	277%
2021→2022	7	4	3	31	45	15.6%	24.4%	31.1%	113%	97%
2022→2023	5	4	6	17	32	15.6%	28.1%	46.9%	327%	166%

勝負強さは尾張の砂を被っても鈍らず キズナを買う時にはアタマまで

引き続き種牡馬のネタをもう一つ。広範囲で走っているキズナの産駒は、中京ダ１８００ｍ・１９００ｍでも高回収率をマークしている。全て買う手も十分にオススメできるが、前走で右回りを走っていた馬の期待値が高い。また、二度の坂越えがあるこのコースでは、牡馬・セン馬の好走が目立つ。同舞台に出走のキズナ産駒を、ごく簡単な２つの手順で「超ウルトラ」にまで絞り込めるうえに、狙える機会の多さが魅力的なのがこのデータだ。

集計期間中には「超ウルトラ」該当馬のうち、１番人気が17頭おり、その成績は「８・３・２・４」。３着内率の76・５％も素晴らしいが、勝率47・１％は１番人気の平均値を約15％も上回る。一方で、21年１月９日の１Ｒ（３歳未勝利・ダ１８００ｍ）はグリームエース（２５６倍）が、23年１月８日の９Ｒ濃尾特別（２勝クラス・ダ１８００ｍ）ではジロー（単勝65・９倍）が二桁人気ながら勝利を収めている。好走時には３着より２着が、２着より１着が多い。

前作の的中実績 6

No.071　中京ダ1400m攻略

大外枠×3歳以下×前走8着以内

中京ダ1400m

NO 071

大外枠×3歳以下×前走8着以内

適用可能コース

中京ダ1400m

複勝率 45.7%

複勝回収率 161%

準々ウルトラ　馬番が大外

1着	2着	3着	4着以下	計	勝率	連対率	複勝率	単回率	複回率
20	12	14	146	192	10.4%	16.7%	24.0%	118%	95%

準ウルトラ　馬齢が3歳以下

1着	2着	3着	4着以下	計	勝率	連対率	複勝率	単回率	複回率
12	8	9	80	109	11.0%	18.3%	26.6%	141%	117%

正ウルトラ　前走の着順が8着以内

1着	2着	3着	4着以下	計	勝率	連対率	複勝率	単回率	複回率
9	7	5	25	46	19.6%	34.8%	45.7%	73%	161%

160

2023/3/12　中京10R

昇竜S

1着　⑧グレートサンドシー（1人気）

2着　⑮ミルトハンター（7人気）

3着　⑯エレガントムーン（11人気）　正ウルトラ該当!

単勝／⑧200円　複勝／⑧130円 ⑮350円 ⑯790円　馬連／⑧⑮1,650円
馬単／⑧⑮2,440円　3連複／⑧⑮⑯15,280円　3連単／⑧⑮⑯38,720円

芝発走の大外狙いがエレガントに決まる！

前作にて紹介した当コースの「正ウルトラ」は、「馬番が大外」×「馬齢が3歳以下」×「前走の着順が8着以内」というもの。中京ダート１４００ｍは、スタート後約２００ｍ弱が芝発走になっていることから、大外枠が勝率・複勝率ともに最も高い数値となっている。そして、馬齢が3歳以下で、前走8着以内と大敗を除いた「正ウルトラ」に該当していれば3着内率は率１６１％にも昇るのだが、特にその中でも3着内率が跳ね上がるのが7番人気以降の下位人気馬だ。この舞台で行われた昇竜ステークスで、前作で紹介した当コースの「正ウルトラ」に該当していたエレガントムーンは、11番人気ながら3着に食い込む激走をみせた。同馬は芝発走の大外枠から好ポジショニングに成功すると、道中は虎視眈々と先団を見据え、ゴール手前で１、2着馬とあわせるように差し脚をのばし3着に入着した。見落としがちな下位人気の激走候補馬も、本書を使えば逃さずピックアップすることが可能だ。

ウルトラ回収率 2024-2025

小倉競馬場

KOKURA Race Course

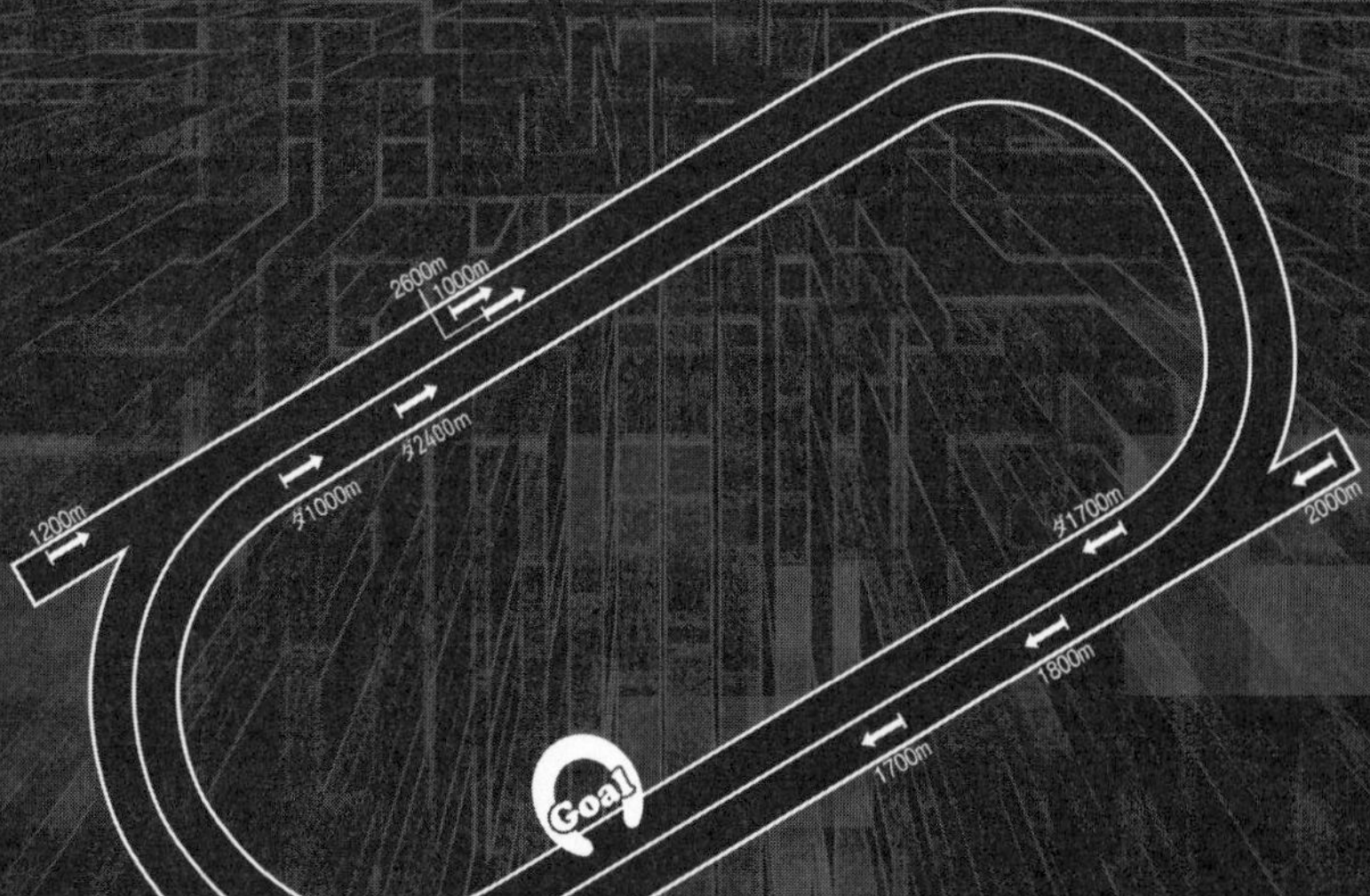

小倉芝1200m

NO085

丹内祐次騎手×
前走馬体重440kg以上×
前走14頭立て以上

適用可能コース

小倉芝1200m

3着内率 **37.1%**

複勝回収率 **151%**

準々ウルトラ

鞍上が丹内祐次騎手

1着	2着	3着	4着以下	計	勝率	連対率	3着内率	単回率	複回率
7	11	10	73	101	6.9%	17.8%	27.7%	65%	114%

準々ウルトラ

前走の馬体重が440kg以上

1着	2着	3着	4着以下	計	勝率	連対率	3着内率	単回率	複回率
7	8	9	46	70	10.0%	21.4%	34.3%	94%	144%

正ウルトラ

前走の出走頭数が14頭以上

1着	2着	3着	4着以下	計	勝率	連対率	3着内率	単回率	複回率
7	8	8	39	62	11.3%	24.2%	37.1%	106%	151%

総合成績

1着－2着－3着－着外／総件数	7－8－8－39／62
勝率	11.3%
連対率	24.2%
3着内率	37.1%
単勝回収率	106%
複勝回収率	151%

時系列成績

	1着	2着	3着	4着以下	計	勝率	連対率	3着内率	単勝回収率	複勝回収率
2020►2021	3	1	1	23	28	10.7%	14.3%	17.9%	131%	123%
2021►2022	3	3	4	8	18	16.7%	33.3%	55.6%	148%	197%
2022►2023	1	4	3	8	16	6.3%	31.3%	50.0%	15%	150%

前に行かせる丹内マジック 前走で控えた馬が回収率高い！

22年に年間64勝を記録するなど、存在感が年々増している丹内祐次騎手。特にローカル開催での活躍が顕著で、同騎手の愛用する先の白いムチが騎乗馬を鼓舞するシーンは幾度となく見られた。

丹内騎手は札幌・函館開催で強いイメージだが、同じ右回りで小回りコースである小倉も得意としている。「準々ウルトラ」にあるように、小倉芝１２００ｍでは同騎手を買うだけで複勝回収率は１１４％を記録。そこから華奢な馬を除いて、前走で多頭数の競馬を経験した馬を評価したものが「正ウルトラ」となる。

「正ウルトラ」該当馬62頭のうち、今回4角5番手以内だった馬は【6・7・4・15】。好走馬のほとんどが先行策だった。ただし、「正ウルトラ」該当馬でも前走が4角5番手以内だと単勝回収率は30%で、複勝回収率は72%と全然ダメ。つまり、前走で控えた馬を丹内パワーで先行させていることが高回収率を生み出しているといえる。

小倉芝1200m

NO086

幸英明騎手×前走12着以内×6～18番

適用可能コース

小倉芝1200m

3着内率 **42.1%**

複勝回収率 **167%**

準々ウルトラ

鞍上が幸英明騎手

1着	2着	3着	4着以下	計	勝率	連対率	3着内率	単回率	複回率
14	9	12	82	117	12.0%	19.7%	29.9%	186%	108%

準ウルトラ

前走の着順が12着以内

1着	2着	3着	4着以下	計	勝率	連対率	3着内率	単回率	複回率
12	6	9	55	82	14.6%	22.0%	32.9%	191%	123%

正ウルトラ

馬番が6～18番

1着	2着	3着	4着以下	計	勝率	連対率	3着内率	単回率	複回率
10	6	8	33	57	17.5%	28.1%	42.1%	257%	167%

総合成績

1着ー2着ー3着ー着外／総件数	10-6-8-33／57

勝率	連対率	3着内率
17.5%	28.1%	42.1%

単勝回収率	複勝回収率
257%	167%

時系列成績

	1着	2着	3着	4着以下	計	勝率	連対率	3着内率	単勝回収率	複勝回収率
2020►2021	3	3	3	8	17	17.6%	35.3%	52.9%	481%	248%
2021►2022	0	1	3	8	12	0.0%	8.3%	33.3%	0%	113%
2022►2023	7	2	2	17	28	25.0%	32.1%	39.3%	232%	142%

波に乗ったら並以上！確変状態を見極めて狙いたい

小倉芝１２００ｍで丹内騎手と同様に狙えるのが幸騎手。こちらは前走で先行していた馬でも高い回収率を記録していて、小柄な馬でもよく走った。「幸」の名前を見つけたら買っていいレベルの成績を残している。

「正ウルトラ」の時系列成績を見ると、21～22年の期間は未勝利で、基準をギリギリのところでクリアしている。一方、20～21年、22～23年は素晴らしい成績。21年9月は該当馬が【２・１・２・０】で、23年2月は【５・０・１・３】と固め打ちの傾向が見られた。騎乗数が多く、安定して結果を出すイメージのある幸騎手だが、好不調の波は意外と大きいようだ。

騎手の好調期、不調期の見極めは難しいが、「正ウルトラ」該当馬が勝ち切った場合は確変突入と判断して厚めに買ってもいいかもしれない。また、「正ウルトラ」で挙げた10勝のうち7勝が稍重馬場であったことからも、幸騎手が馬場を読めていると分かれば積極的に狙いたい。

小倉芝1200m

NO 087

父がルーラーシップ×
前走13着以内×
前走4角2番手以下

適用可能コース

小倉芝1200m

3着内率 **36.5%**

複勝回収率 **153%**

準々ウルトラ

父がルーラーシップ

1着	2着	3着	4着以下	計	勝率	連対率	3着内率	単回率	複回率
4	8	12	57	81	4.9%	14.8%	29.6%	49%	122%

準ウルトラ

前走の着順が13着以内

1着	2着	3着	4着以下	計	勝率	連対率	3着内率	単回率	複回率
4	8	11	46	69	5.8%	17.4%	33.3%	57%	140%

正ウルトラ

前走の4コーナー通過順が2番手以下

1着	2着	3着	4着以下	計	勝率	連対率	3着内率	単回率	複回率
4	8	11	40	63	6.3%	19.0%	36.5%	63%	153%

総合成績

1着－2着－3着－着外／総件数	4－8－11－40／63
勝率	6.3%
連対率	19.0%
3着内率	36.5%
単勝回収率	63%
複勝回収率	153%

時系列成績

	1着	2着	3着	4着以下	計	勝率	連対率	3着内率	単勝回収率	複勝回収率
2020→2021	4	1	4	14	23	17.4%	21.7%	39.1%	173%	115%
2021→2022	0	5	4	13	22	0.0%	22.7%	40.9%	0%	140%
2022→2023	0	2	3	13	18	0.0%	11.1%	27.8%	0%	217%

世間のイメージとは真逆!? 距離短縮の父産駒が面白い

ここ最近の競馬では父ルーラーシップ×母父ディープインパクトの組み合わせが好成績。少し前だと菊花賞馬のキセキがこの配合で、23年は秋華賞週までにエヒト、ソウルラッシュ、ビッグリボン、フリームファクシ、マスクトディーヴァが重賞勝ち。血統のイメージからもマイル以上の距離での活躍が目立っている。

回収率が高くなるのは、世間が考える前述した適条件とは真逆のとき。どちらかといえば一瞬の脚が必要な小倉１２００ｍでも、ルーラーシップ産駒はとにかく走る。

期間中に「正ウルトラ」は23回馬券に絡んでいるが、このうちの7回はグランレイ1頭によるもの。19年朝日杯ＦＳで14番人気3着と大波乱を演出した馬が、ここ最近は小倉芝１２００ｍで何度も人気順以上に激走している。23年はグランレイ以外の産駒がやや苦戦していたものの、これから別の当コース巧者が出てくる可能性は高いはずなので、引き続き注目しておきたい。

小倉芝1800m

NO088

前走中京芝1600m×4歳以下×前走馬体重460kg以上

適用可能コース

小倉芝1800m

3着内率	複勝回収率
48.8%	189%

準々ウルトラ

前走のコースが中京芝1600m

1着	2着	3着	4着以下	計	勝率	連対率	3着内率	単回率	複回率
10	11	14	78	113	8.8%	18.6%	31.0%	73%	109%

準ウルトラ

馬齢が4歳以下

1着	2着	3着	4着以下	計	勝率	連対率	3着内率	単回率	複回率
10	11	12	62	95	10.5%	22.1%	34.7%	87%	123%

正ウルトラ

前走の馬体重が460kg以上

1着	2着	3着	4着以下	計	勝率	連対率	3着内率	単回率	複回率
7	6	8	22	43	16.3%	30.2%	48.8%	104%	189%

総合成績

1着－2着－3着－着外／総件数	7－6－8－22／43
勝率	16.3%
連対率	30.2%
3着内率	48.8%
単勝回収率	104%
複勝回収率	189%

時系列成績

	1着	2着	3着	4着以下	計	勝率	連対率	3着内率	単勝回収率	複勝回収率
2020▶2021	2	2	5	7	16	12.5%	25.0%	56.3%	30%	147%
2021▶2022	2	3	1	8	14	14.3%	35.7%	42.9%	65%	312%
2022▶2023	3	1	2	7	13	23.1%	30.8%	46.2%	239%	107%

考えるな、感じろ！
人智を超えたコース替わりパワー

小倉芝1800mは右回りで道中にコーナーを4回通過する。「準々ウルトラ」の条件とした中京芝1600mは左回りでコーナーは実質2回。直線の長さも異なるので全くの別コースと言っていい。

そのためどのような理由があるか分からないのだが、中京芝1600m→小倉芝1800mのコース替わりは、ベタ買いで3着内率31%と抜群の成績を残している。これを1番人気に限定すると【4・3・1・0】。回収率だけでなく、軸馬選びに最適な鉄板データとなる。よって、深く理由は考えず、人智を超えた何かしらのパワーが働いていると思って黙々と購入すればいい。

ちなみに「正ウルトラ」を特別レースに限定すると【5・1・1・4】で勝率45・5%、3着内率63・6%になる。「馬齢が4歳以下」としているように2歳戦でも役立つが、本領を発揮するのはお昼を過ぎてから。メインレース前の資金稼ぎに役立てたい。

小倉芝1800~2000m

NO089

西村淳也騎手×前走右回り×前走9頭立て以上

適用可能コース

小倉芝1800m·小倉芝2000m

3着内率 **47.2%**

複勝回収率 **153%**

準々ウルトラ

鞍上が西村淳也騎手

1着	2着	3着	4着以下	計	勝率	連対率	3着内率	単回率	複回率
23	30	20	103	176	13.1%	30.1%	41.5%	120%	119%

準ウルトラ

前走のコースが右回り

1着	2着	3着	4着以下	計	勝率	連対率	3着内率	単回率	複回率
14	19	12	53	98	14.3%	33.7%	45.9%	133%	144%

正ウルトラ

前走の出走頭数が9頭以上

1着	2着	3着	4着以下	計	勝率	連対率	3着内率	単回率	複回率
14	17	11	47	89	15.7%	34.8%	47.2%	147%	153%

総合成績

1着ー2着ー3着ー着外／総件数	14-17-11-47／89
勝率	15.7%
連対率	34.8%
3着内率	47.2%
単勝回収率	147%
複勝回収率	153%

時系列成績

	1着	2着	3着	4着以下	計	勝率	連対率	3着内率	単勝回収率	複勝回収率
2020▶2021	3	4	3	17	27	11.1%	25.9%	37.0%	38%	62%
2021▶2022	7	5	3	22	37	18.9%	32.4%	40.5%	210%	218%
2022▶2023	4	8	5	8	25	16.0%	48.0%	68.0%	171%	157%

ただただ西村淳也騎手を狙うだけ ブレイク後も小倉で乗り続けてほしい

簡単に言えば、小倉開催の芝中距離戦では西村淳也騎手を狙いましょうということ。「準々ウルトラ」の好走率と回収率の高さを見ても分かるように、西村淳騎手にとって小倉芝は庭のようなもの。人気薄の馬を含めた3着内率が41・5%だから、上位人気馬であればほぼほぼ馬券に絡めていると分かる。なお、当シリーズの監修者である伊吹雅也の単行本『血統&ジョッキー偏差値2023ー2024』でも、本稿とほぼ同様の傾向を「マストバイデータ」として紹介している。

また、注目は前走の出走頭数が9頭以上とした「正ウルトラ」の該当条件。当シリーズでもたびたび条件の中に組み込んでいるが、前走の出走頭数は、多ければ多いほど期待値が高くなりやすく、少なければ少ないほど期待値が低くなりやすいファクター。小倉芝1800~2000mはその傾向が特に顕著なコースで、これ以外のコースでも予想時に是非とも重視してもらいたい。

小倉芝2000m

NO090

父がグラスワンダー系種牡馬×3歳以下

適用可能コース

小倉芝2000m

3着内率	複勝回収率
35.2%	173%

準ウルトラ　父がグラスワンダー系種牡馬

1着	2着	3着	4着以下	計	勝率	連対率	3着内率	単回率	複回率
11	5	9	57	82	13.4%	19.5%	30.5%	174%	132%

正ウルトラ　馬齢が3歳以下

1着	2着	3着	4着以下	計	勝率	連対率	3着内率	単回率	複回率
9	4	6	35	54	16.7%	24.1%	35.2%	241%	173%

超ウルトラ　馬番が1～8番

1着	2着	3着	4着以下	計	勝率	連対率	3着内率	単回率	複回率
7	4	5	14	30	23.3%	36.7%	53.3%	409%	267%

総合成績

1着－2着－3着－着外／総件数	9－4－6－35／54
勝率	16.7%
連対率	24.1%
3着内率	35.2%
単勝回収率	241%
複勝回収率	173%

時系列成績

	1着	2着	3着	4着以下	計	勝率	連対率	3着内率	単勝回収率	複勝回収率
2020▶2021	4	1	3	12	20	20.0%	25.0%	40.0%	119%	147%
2021▶2022	2	0	1	14	17	11.8%	11.8%	17.6%	558%	142%
2022▶2023	3	3	2	9	17	17.6%	35.3%	47.1%	69%	235%

キレない馬を再評価
内枠に入ったら大勝負していい

グラスワンダー系の種牡馬とは、アーネストリー、グラスワンダー、ゴールドアクター、スクリーンヒーロー、モーリスの5頭のこと。このうち、アーネストリー産駒は「正ウルトラ」該当馬でも【0・0・0・2】、グラスワンダー産駒も【0・0・0・1】だったので、実質的にはゴールドアクター、スクリーンヒーロー、モーリスの3種牡馬から狙うことになる。

グラスワンダー系の馬はあまり瞬発力勝負に強いイメージはないので、回収率が高いのは、近走末脚比べで劣った馬が持続力勝負で巻き返しているからだろう。モーリス産駒の中距離での代表産駒といえば大阪杯を勝ったジャックドール。同馬が得意とするような、好位で流れに乗る競馬が小倉芝では生きてくる。

「超ウルトラ」の条件は内枠であること。1着数と3着数が少し減るだけで好走率と回収率は急上昇するので、大勝負に出るなら枠順も意識したい。

前走阪神芝2000m内×前走7着以内×乗り替わり

適用可能コース

小倉芝2000m

3着内率 **54.1%**

複勝回収率 **150%**

準々ウルトラ

前走のコースが阪神芝2000m内

1着	2着	3着	4着以下	計	勝率	連対率	3着内率	単回率	複回率
14	9	7	44	74	18.9%	31.1%	40.5%	189%	97%

準ウルトラ

前走の着順が7着以内

1着	2着	3着	4着以下	計	勝率	連対率	3着内率	単回率	複回率
12	8	7	28	55	21.8%	36.4%	49.1%	225%	118%

正ウルトラ

前走の騎手が今回と異なる騎手

1着	2着	3着	4着以下	計	勝率	連対率	3着内率	単回率	複回率
9	5	6	17	37	24.3%	37.8%	54.1%	306%	150%

総合成績

1着－2着－3着－着外／総件数	9－5－6－17／37

勝率	連対率	3着内率
24.3%	37.8%	54.1%

単勝回収率	複勝回収率
306%	150%

時系列成績

	1着	2着	3着	4着以下	計	勝率	連対率	3着内率	単勝回収率	複勝回収率
2020▸2021	3	3	1	6	13	23.1%	46.2%	53.8%	258%	127%
2021▸2022	4	1	3	6	14	28.6%	35.7%	57.1%	226%	157%
2022▸2023	2	1	2	5	10	20.0%	30.0%	50.0%	481%	170%

ブレない成績、これが正解
間隔不問で阪神芝２０００ｍ組狙い

12月の阪神開催は同時に中京でも開催が行われている。ローカルではなく中央場をわざわざ使ってくる関西馬はレベルが高いと考えていい。それらとしのぎを削った馬が小倉に遠征すれば相手関係は当然楽になる。

時系列成績を見ると、20年から23年までほとんどブレがなく、安定した成績を残し続けている。50%以上の3着内率がずらっと並んでいるのだから、小倉芝２０００ｍの予想では「正ウルトラ」該当馬を選ぶことが「大正解」なのだろう。

京都競馬場の改修工事のため変則的な開催が続いたこともあって、近年は阪神競馬場でのレース数が多かった。この影響で前走阪神芝２０００ｍ組が好成績を残した可能性はある。とはいえ、「正ウルトラ」該当馬の間隔別成績に大きな違いは見られないので、ローテーションによる有利不利はなさそう。これなら24年以降も「大正解」であり続けてくれるはずだ。

父がステイゴールド系種牡馬×前走8着以内

適用可能コース

小倉芝2600m

3着内率	複勝回収率
41.3%	161%

準ウルトラ 父がステイゴールド系種牡馬

1着	2着	3着	4着以下	計	勝率	連対率	3着内率	単回率	複回率
10	10	9	47	76	13.2%	26.3%	38.2%	80%	149%

正ウルトラ 前走の着順が8着以内

1着	2着	3着	4着以下	計	勝率	連対率	3着内率	単回率	複回率
8	9	9	37	63	12.7%	27.0%	41.3%	62%	161%

超ウルトラ 馬齢が5歳以下

1着	2着	3着	4着以下	計	勝率	連対率	3着内率	単回率	複回率
8	9	9	34	60	13.3%	28.3%	43.3%	65%	169%

総合成績

1着－2着－3着－着外／総件数	8－9－9－37／63

勝率	連対率	3着内率	単勝回収率	複勝回収率
12.7%	27.0%	41.3%	62%	161%

時系列成績

	1着	2着	3着	4着以下	計	勝率	連対率	3着内率	単勝回収率	複勝回収率
2020▶2021	5	5	2	12	24	20.8%	41.7%	50.0%	106%	128%
2021▶2022	1	2	4	14	21	4.8%	14.3%	33.3%	17%	220%
2022▶2023	2	2	3	11	18	11.1%	22.2%	38.9%	55%	135%

スタミナ勝負ならこの一族！荒れた馬場でも難なくこなす

「正ウルトラ」に該当したステイゴールド系の種牡馬はオルフェーヴル、ゴールドシップ、ドリームジャーニー、フェノーメノ。このうちドリームジャーニーとフェノーメノは合わせて【０・１・０・４】だったから、実質的にはオルフェーヴルとゴールドシップ狙いでいい。

小回りコースで行われる長距離戦なので、ここではスタミナはもちろんのこと、立ち回りのうまさも求められる。加えて、冬の小倉では荒れた馬場にも対応しなければならない。このような背景もあってグランプリレースに強かった種牡馬の血が生きるのだろう。なお、「正ウルトラ」該当馬で特に好走率が高かったのは【２・１・２・３】の前走で芝２４００ｍを走った馬だった。

当シリーズの監修者である伊吹雅也の単行本『血統＆ジョッキー偏差値２０２３－２０２４』でも、本稿とほぼ同様の傾向を「マストバイデータ」として紹介しているので参考にしてもらいたい。

小倉ダ1000m

NO 093

父がキンシャサノキセキ×前走4角9番手以内×前走同頭数以上

適用可能コース

小倉ダ1000m

3着内率 47.4%

複勝回収率 161%

準々ウルトラ

父がキンシャサノキセキ

1着	2着	3着	4着以下	計	勝率	連対率	3着内率	単回率	複回率
6	9	7	40	62	9.7%	24.2%	35.5%	49%	113%

準ウルトラ

前走の4コーナー通過順が9番手以内

1着	2着	3着	4着以下	計	勝率	連対率	3着内率	単回率	複回率
5	8	6	26	45	11.1%	28.9%	42.2%	54%	139%

正ウルトラ

前走の出走頭数が今回と同じ頭数か今回より多い頭数

1着	2着	3着	4着以下	計	勝率	連対率	3着内率	単回率	複回率
4	8	6	20	38	10.5%	31.6%	47.4%	54%	161%

総合成績

1着－2着－3着－着外／総件数	4 - 8 - 6 -20／ 38
勝率	10.5%
連対率	31.6%
3着内率	47.4%
単勝回収率	54%
複勝回収率	161%

時系列成績

	1着	2着	3着	4着以下	計	勝率	連対率	3着内率	単勝回収率	複勝回収率
2020▶2021	0	4	4	6	14	0.0%	28.6%	57.1%	0%	265%
2021▶2022	2	1	0	7	10	20.0%	30.0%	30.0%	50%	37%
2022▶2023	2	3	2	7	14	14.3%	35.7%	50.0%	112%	146%

適性活きるコースでリピーター多数 キセキではなく当然の結果

他の「正ウルトラ」との比較では高齢馬の激走が多く見られた。5歳以上の馬に限定すると【0・4・3・3】で、勝ててはいないものの3着内率は70％もあった。これは小倉ダート1000mで好走するためには適性が重要であるのが一因で、同じ馬が複数回好走するケースも目立った。キンシャサノキセキ産駒から馬券を買う際、相手馬選びにはコース適性を重視するといいだろう。

集計期間中の「正ウルトラ」該当馬は4勝で単勝回収率は54％。1着候補としては強調できない成績だった。もしも複軸ではなくアタマ候補として狙うなら、前走の距離も参考にしたい。「正ウルトラ」で前走の距離が1150m以上なら【1・6・0・12】で勝率5・3％、3着内率36・8％。1000mなら【3・2・6・8】で勝率15・8％、3着内率57・9％だった。序盤からのダッシュ力がものを言うコースなので、速いペースに慣れている馬の方がゴール前で踏ん張れるようだ。

小倉ダ1000~1700m

NO 094

泉谷楓真騎手×前走同頭数以上

適用可能コース

小倉ダ1000m・小倉ダ1700m

3着内率	複勝回収率
45.7%	156%

準ウルトラ 鞍上が泉谷楓真騎手

1着	2着	3着	4着以下	計	勝率	連対率	3着内率	単回率	複回率
10	9	9	51	79	12.7%	24.1%	35.4%	107%	112%

正ウルトラ 前走の出走頭数が今回と同じ頭数か今回より多い頭数

1着	2着	3着	4着以下	計	勝率	連対率	3着内率	単回率	複回率
9	4	8	25	46	19.6%	28.3%	45.7%	150%	156%

超ウルトラ 馬齢が4歳以下

1着	2着	3着	4着以下	計	勝率	連対率	3着内率	単回率	複回率
8	3	8	19	38	21.1%	28.9%	50.0%	152%	175%

総合成績

1着－2着－3着－着外／総件数	9－4－8－25／46
勝率	19.6%
連対率	28.3%
3着内率	45.7%
単勝回収率	150%
複勝回収率	156%

時系列成績

	1着	2着	3着	4着以下	計	勝率	連対率	3着内率	単勝回収率	複勝回収率
2020▶2021	6	1	4	10	21	28.6%	33.3%	52.4%	247%	159%
2021▶2022	2	2	2	10	16	12.5%	25.0%	37.5%	93%	79%
2022▶2023	1	1	2	5	9	11.1%	22.2%	44.4%	26%	290%

水も滴るいい男
厳冬期開催で真価を発揮

期間中のダート全体で泉谷騎手は45勝を挙げているが、そのうちの10勝が「準ウルトラ」該当馬となる。「正ウルトラ」では、小倉ダ１０００ｍが【４・１・４・６】で3着内率60%、複勝回収率２３２%。小倉ダ１７００ｍが【５・３・４・19】で3着内率38・7%、複勝回収率１２０%だった。

興味深いのが馬場状態別の成績。良、稍重、重、不良の全てで複勝回収率が１００%を超えているので、どの馬場状態でも買い控える必要はない。ただ、良～稍重で【２・４・４・21】、重～不良で【７・０・４・４】だから馬場が悪化した方が明らかに勝ち切れている。４角10番手以降からグングンと伸びてくる騎乗は少ない騎手だけに、水分を含んだ馬場がうまくフィットするのだろう。

季節別では夏の開催だと微妙で、1～3月に好走が集中していた。24年も愛知杯が行われる1月13日から積極的に狙いたい。

小倉ダ1700～2400m

NO095

角田大和騎手×
前走4角9番手以内×関西馬

適用可能コース

小倉ダ1700m・小倉ダ2400m

3着内率 **40.0%**

複勝回収率 **171%**

準々ウルトラ

鞍上が角田大和騎手

1着	2着	3着	4着以下	計	勝率	連対率	3着内率	単回率	複回率
3	9	11	53	76	3.9%	15.8%	30.3%	33%	134%

準ウルトラ

前走の4コーナー通過順が9番手以内

1着	2着	3着	4着以下	計	勝率	連対率	3着内率	単回率	複回率
3	9	9	36	57	5.3%	21.1%	36.8%	44%	162%

正ウルトラ

調教師の所属が栗東

1着	2着	3着	4着以下	計	勝率	連対率	3着内率	単回率	複回率
3	9	8	30	50	6.0%	24.0%	40.0%	50%	171%

総合成績

1着－2着－3着－着外／総件数	3－9－8－30／50

勝率	連対率	3着内率
6.0%	24.0%	40.0%

単勝回収率	複勝回収率
50%	171%

時系列成績

	1着	2着	3着	4着以下	計	勝率	連対率	3着内率	単勝回収率	複勝回収率
2020→2021	1	3	0	13	17	5.9%	23.5%	23.5%	100%	70%
2021→2022	0	2	3	8	13	0.0%	15.4%	38.5%	0%	269%
2022→2023	2	4	5	9	20	10.0%	30.0%	55.0%	41%	195%

ロスなく運んで会心の一撃 内枠時には評価を上げたい

角田大和騎手は21年３月にデビュー。まだ若手だが▲減量のときから小倉では多く騎乗していて、ダートのメインコースとなる１７００ｍなら〝乗り慣れている〟と表現していいだろう。

得意としているのは内枠からの競馬で、先行馬ならスッと１～３番手を確保。そのままスムーズにレースを進めている。また、内枠の差し馬では内で我慢しても良し、勝負所で外を回しても良しと縦横無尽に好走できていた。

「正ウルトラ」かつ１～２枠は【３・４・３・３】で３着内率は76・９％。人気薄での好走も目立ち、23年は２月12日に１枠１番のメイショウピスカリで12番人気３着、２月25日に２枠４番のタガノリバイバーでは13番人気２着に激走している。

なお、小倉ダ２４００ｍは「正ウルトラ」該当馬だと【０・１・０・０】だったので、大多数は小倉ダ１７００ｍでのデータとなっている。

NO 096

富田暁騎手×前走7着以内

適用可能コース

小倉ダ1700m・小倉ダ2400m

3着内率 **41.8%**

複勝回収率 **223%**

準ウルトラ

鞍上が富田暁騎手

1着	2着	3着	4着以下	計	勝率	連対率	3着内率	単回率	複回率
10	6	9	95	120	8.3%	13.3%	20.8%	147%	119%

正ウルトラ

前走の着順が7着以内

1着	2着	3着	4着以下	計	勝率	連対率	3着内率	単回率	複回率
10	4	9	32	55	18.2%	25.5%	41.8%	321%	223%

超ウルトラ

馬齢が5歳以下

1着	2着	3着	4着以下	計	勝率	連対率	3着内率	単回率	複回率
10	4	9	27	50	20.0%	28.0%	46.0%	353%	246%

総合成績

1着－2着－3着－着外／総件数	10－4－9－32／55
勝率	18.2%
連対率	25.5%
3着内率	41.8%
単勝回収率	321%
複勝回収率	223%

時系列成績

	1着－2着－3着－4着以下／計	勝率	連対率	3着内率	単勝回収率	複勝回収率
2020▶2021	2－1－4－14／21	9.5%	14.3%	33.3%	450%	207%
2021▶2022	5－2－2－12／21	23.8%	33.3%	42.9%	116%	247%
2022▶2023	3－1－3－6／13	23.1%	30.8%	53.8%	444%	212%

ブレイクを予感させる先行巧者
勢いのある馬ならノンストップ

富田騎手といえば、23年は9月10日の阪神で能勢特別→オークランドTRT→セントウルSを勝って特別競走3連勝を達成。同年のエルムSで1番人気の支持に応えられなかった無念を晴らすJRA重賞初勝利は、富田騎手の勢いを感じる実に劇的なものだった。

波に乗る富田騎手が「前走7着以内」と大崩れしていない馬にまたがれば走るよね、というのが「正ウルトラ」の抽出条件。これを「前走2〜3着」とすると【6・2・3・6】だから好調馬なら単勝でも狙っていい。

ペプチドナイルとテイエムスパーダのイメージどおりに、富田騎手は「正ウルトラ」該当馬でも積極的な騎乗で結果を残している。今回の4角通過順が4番手以下だと「正ウルトラ」でも【0・1・5・25】。3着内率は19・4%にまで下がるように、先行してこそ持ち味が出る。他場でも、この馬なら先行できるはず、と思えれば穴候補として激走に期待していい騎手だ。

前作の的中実績
7

No.076　小倉芝1800m攻略

前走中京芝1600m×前走13着以内×中5週以上

小倉芝1800m

NO 076

前走中京芝1600m ×前走13着以内×中5週以上

適用可能コース

小倉芝1800m

複勝率 **39.0%**

複勝回収率 **184%**

準々ウルトラ

前走のコースが中京芝1600m

1着	2着	3着	4着以下	計	勝率	連対率	複勝率	単回率	複回率
6	8	9	58	81	7.4%	17.3%	28.4%	33%	106%

準ウルトラ

前走の着順が13着以内

1着	2着	3着	4着以下	計	勝率	連対率	複勝率	単回率	複回率
6	8	9	49	72	8.3%	19.4%	31.9%	37%	120%

正ウルトラ

前走との間隔が中5週以上

1着	2着	3着	4着以下	計	勝率	連対率	複勝率	単回率	複回率
4	4	8	25	41	9.8%	19.5%	39.0%	36%	184%

172

2023/8/13　小倉10R

博多S

1着　⑨ダンテスヴュー（7人気）　正ウルトラ該当!

2着　⑤ウインリブルマン（4人気）

3着　⑫タガノパッション（5人気）　正ウルトラ該当!

単勝／⑨2,600円　複勝／⑨620円 ⑤240円 ⑫380円　馬連／⑤⑨8,570円
馬単／⑨⑤18,900円　3連複／⑤⑨⑫30,450円　3連単／⑨⑤⑫195,710円

実は相関性大な両コースの舞台替わりを狙い撃ち！

前作にて紹介した当コースの「正ウルトラ」が、「前走のコースが中京芝１６００ｍ」×「前走の着順が13着以内」×「前走との間隔が中5週以上」というもの。距離こそ違えど、小倉芝１８００ｍと中京芝１６００ｍの舞台は４コーナーを迎えるまで上り→下りのレイアウト、かつスパイラルカーブを有しているという共通点があることから同様の適性が求められるようだ。直近の過去3年間でみても、同じ小倉１８００ｍのコースより中京芝１６００ｍを経由してきた馬が勝率・3着内率ともに最も高く、回収率も単複ともに１００％を超える。さらに前走大敗を喫しておらず、中5週以内という余裕あるローテで臨んできた馬ならさらに「買い」の条件となり、なんと当レースでは、2頭いた該当馬がともに馬券内に飛び込んだ。7人気ダンテスヴューが1着、5人気タガノパッションが3着で、三連単は19万超の配当にもなる波乱レースとなった。本書の力を借りれば、このような美味しい馬券的中に近づくことが可能だ。

ウルトラ回収率 2024-2025

札幌競馬場

SAPPORO Race Course

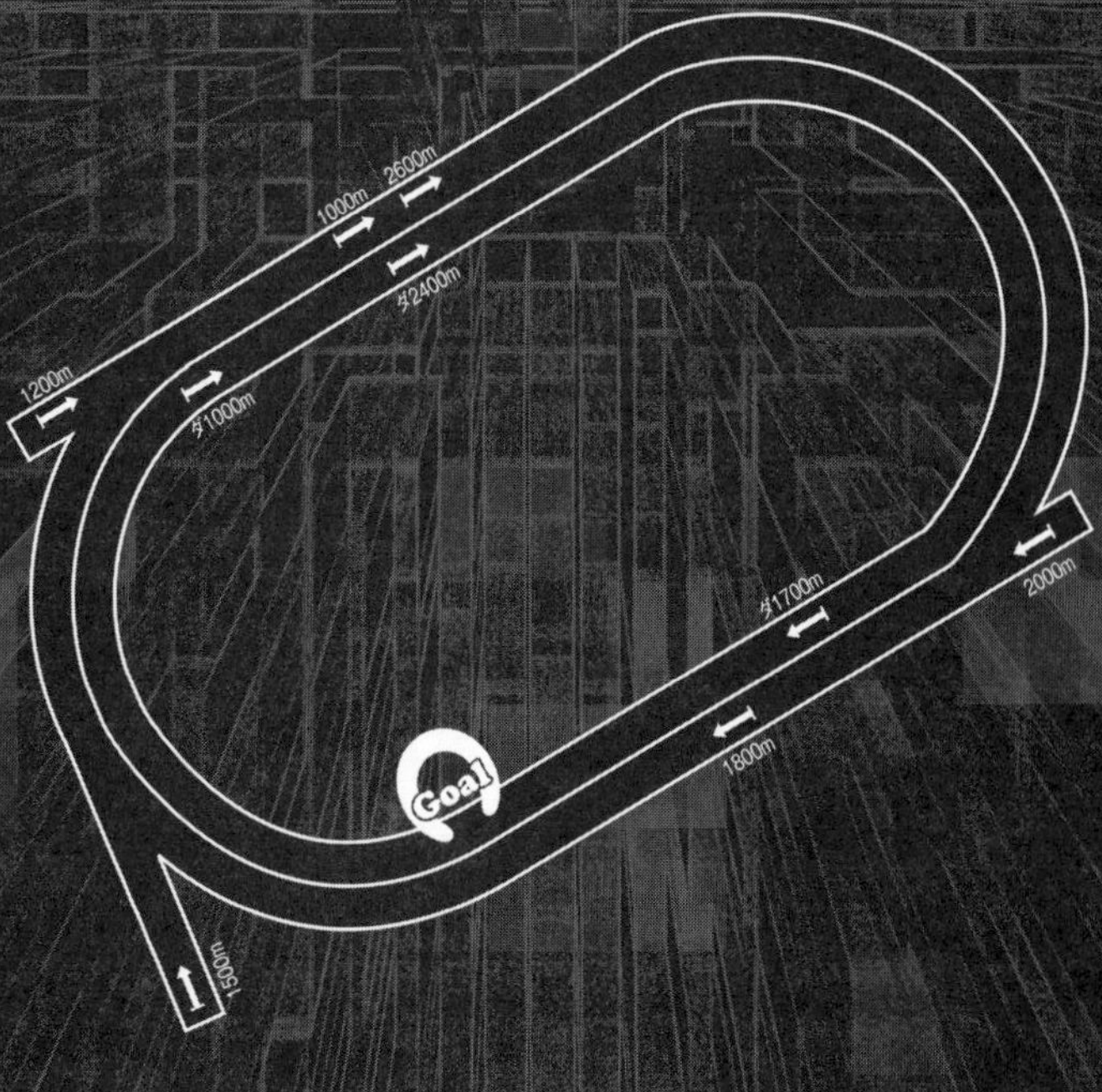

頭数減×関東馬×前走4角10番手以内

適用可能コース

札幌芝1200m

3着内率 **37.1%**

複勝回収率 **236%**

準々ウルトラ

前走の出走頭数が今回より多い頭数

1着	2着	3着	4着以下	計	勝率	連対率	3着内率	単回率	複回率
19	27	29	193	268	7.1%	17.2%	28.0%	72%	142%

準ウルトラ

調教師の所属が美浦

1着	2着	3着	4着以下	計	勝率	連対率	3着内率	単回率	複回率
12	15	13	85	125	9.6%	21.6%	32.0%	108%	204%

正ウルトラ

前走の4コーナー通過順が10番手以内

1着	2着	3着	4着以下	計	勝率	連対率	3着内率	単回率	複回率
11	14	11	61	97	11.3%	25.8%	37.1%	62%	236%

総合成績

1着－2着－3着－着外／総件数	11-14-11-61／97
勝率	11.3%
連対率	25.8%
3着内率	37.1%
単勝回収率	62%
複勝回収率	236%

時系列成績

	1着－2着－3着－4着以下／計	勝率	連対率	3着内率	単勝回収率	複勝回収率
2020▶2021	5－6－6－21／38	13.2%	28.9%	44.7%	50%	177%
2021▶2022	2－3－1－21／27	7.4%	18.5%	22.2%	33%	70%
2022▶2023	4－5－4－19／32	12.5%	28.1%	40.6%	102%	448%

過酷なレースは関東圏が多い？ 前走比頭数減は走りやすいったらありゃしない

当シリーズで度々登場する前走比頭数減。競馬の性質上、頭数が多いレースでは不利などのトラブルが発生する確率が高くなる。また、ポジション争いが激化する場合もあり、我々の想像以上に多頭数のレースは厳しい戦いである。そんな過酷な体験をし、次のレースで出走頭数が減るとどうだろうか。走りやすいったらありゃしないだろう。

さて、本頁で紹介する「準ウルトラ」は関東馬であるかどうか。調べてみたところ、関西圏のレースよりも関東圏のレースの方が多頭数で施行される頻度が高い。つまるところ、関東馬の方が厳しいレースを経験していることが多いのだ。

「正ウルトラ」へのグレードアップ条件は、前走の4コーナー順位が10番手以内であること。位置取りが後ろ過ぎると、揉まれずにポツンと追走している場合が多く、そういった馬は厳しいレースをしていないと判断できる。そういった意味で本頁のデータは理にかなっている。

札幌芝1500m

NO098

父がディープインパクト系種牡馬×前走4角5番手以内

適用可能コース

札幌芝1500m

3着内率	複勝回収率
41.3%	203%

準ウルトラ

父がディープインパクト系種牡馬

1着	2着	3着	4着以下	計	勝率	連対率	3着内率	単回率	複回率
11	11	8	87	117	9.4%	18.8%	25.6%	175%	129%

正ウルトラ

前走の4コーナー通過順が5番手以内

1着	2着	3着	4着以下	計	勝率	連対率	3着内率	単回率	複回率
8	7	4	27	46	17.4%	32.6%	41.3%	354%	203%

超ウルトラ

馬齢が4歳以下

1着	2着	3着	4着以下	計	勝率	連対率	3着内率	単回率	複回率
8	6	4	23	41	19.5%	34.1%	43.9%	398%	224%

総合成績

1着－2着－3着－着外／総件数	8－7－4－27／46
勝率	17.4%
連対率	32.6%
3着内率	41.3%
単勝回収率	354%
複勝回収率	203%

時系列成績

	1着	2着	3着	4着以下	計	勝率	連対率	3着内率	単勝回収率	複勝回収率
2020▶2021	1	1	1	5	8	12.5%	25.0%	37.5%	48%	63%
2021▶2022	1	5	2	9	17	5.9%	35.3%	47.1%	360%	358%
2022▶2023	6	1	1	13	21	28.6%	33.3%	38.1%	467%	130%

日本近代競馬の結晶ディープインパクトは令和になってもピカピカに輝いている！

現役時代、日本近代競馬の結晶と呼ばれたディープインパクト。その名に恥じず、種牡馬としても多くの活躍馬を輩出。この世を去ってからも彼の血は、確実に日本競馬の発展を支えていくことだろう。

さて、本頁で紹介する札幌芝１５００ｍでは、ディープインパクト系の種牡馬が大活躍している。期間内の単勝回収率は１７５％、複勝回収率は１２９％を記録。

もはやこれだけで十分な成績だが、前々で運ぶことができる馬であれば、さらに信頼度がＵＰする。これを指し示しているのが「正ウルトラ」。また、４歳以下であれば「超ウルトラ」を満たし、単勝回収率は４００％近くまで跳ね上がる。

なお、本頁で紹介した「正ウルトラ」は、今がまさに旬であるデータ。23年はとにかく勝ちまくっており、勝率はなんと28・６％をマーク。ディープインパクトの結晶は、令和になってもピカピカに輝いているようだ。

札幌芝1500~2000m

NO099

父がダンジグ系種牡馬×前走同距離以上

適用可能コース

札幌芝1500m・札幌芝1800m
札幌芝2000m

3着内率	複勝回収率
35.4%	178%

準ウルトラ

父がダンジグ系種牡馬

1着	2着	3着	4着以下	計	勝率	連対率	3着内率	単回率	複回率
16	16	22	128	182	8.8%	17.6%	29.7%	79%	136%

正ウルトラ

前走のコースが今回と同じ距離か今回より長い距離

1着	2着	3着	4着以下	計	勝率	連対率	3着内率	単回率	複回率
12	10	18	73	113	10.6%	19.5%	35.4%	115%	178%

超ウルトラ

馬齢が3歳以下

1着	2着	3着	4着以下	計	勝率	連対率	3着内率	単回率	複回率
9	9	13	48	79	11.4%	22.8%	39.2%	55%	207%

総合成績

1着－2着－3着－着外／総件数	12-10-18-73／113
勝率	10.6%
連対率	19.5%
3着内率	35.4%
単勝回収率	115%
複勝回収率	178%

時系列成績

	1着－2着－3着－4着以下／計	勝率	連対率	3着内率	単勝回収率	複勝回収率
2020▶2021	3－2－7－30／42	7.1%	11.9%	28.6%	112%	111%
2021▶2022	2－3－2－20／27	7.4%	18.5%	25.9%	59%	114%
2022▶2023	7－5－9－23／44	15.9%	27.3%	47.7%	153%	280%

夏の難しいレースもピタリと的中 ダンジグ系でスカっとしよう

「準ウルトラ」の条件は、父がダンジグ系の種牡馬であること。ちなみに全16勝中、ハービンジャー産駒が9勝、デクラレーションオブウォー産駒が4勝を挙げている。他の産駒ももちろん重要だが、右記2頭は必須で覚えておきたい。

さて、「正ウルトラ」は同距離か距離短縮であればOK。また、「超ウルトラ」を満たす3歳以下で絞り込みをかけると、夏を乗り切るヒントが浮かび上がる。それは、全9勝のうち、7勝が未勝利戦ということだ。経験の浅い馬が集い、予測不能なレースになりやすい2歳未勝利戦はもちろん、混沌としたメンバー構成になりやすい3歳未勝利戦を容易く攻略できる。

また、23年8月20日の札幌記念（3歳以上GⅡ）では、9番人気のトップナイフが、「超ウルトラ」に該当して2着に激走。本頁のデータを使って難しいレースを的中させ、暑苦しい夏をスカっとした気分で乗り越えよう。

NO 100

最内枠×前走芝

適用可能コース

札幌芝1800m

3着内率 40.4%

複勝回収率 175%

準ウルトラ

馬番が1番

1着	2着	3着	4着以下	計	勝率	連対率	3着内率	単回率	複回率
9	6	7	39	61	14.8%	24.6%	36.1%	381%	152%

正ウルトラ

前走のコースが芝

1着	2着	3着	4着以下	計	勝率	連対率	3着内率	単回率	複回率
9	4	6	28	47	19.1%	27.7%	40.4%	495%	175%

超ウルトラ

前走の出走頭数が今回と同じ頭数か今回より多い頭数

1着	2着	3着	4着以下	計	勝率	連対率	3着内率	単回率	複回率
7	4	4	17	32	21.9%	34.4%	46.9%	654%	228%

総合成績

1着ー2着ー3着ー着外／総件数	9 - 4 - 6 -28／ 47

勝率	連対率	3着内率
19.1%	27.7%	40.4%

単勝回収率	複勝回収率
495%	175%

時系列成績

	1着	2着	3着	4着以下	計	勝率	連対率	3着内率	単勝回収率	複勝回収率
2020▶2021	2	1	1	11	15	13.3%	20.0%	26.7%	289%	102%
2021▶2022	4	3	2	8	17	23.5%	41.2%	52.9%	950%	200%
2022▶2023	3	0	3	9	15	20.0%	20.0%	40.0%	184%	220%

思わぬ結果にＳｉｒｉもビックリ？ 最短ルートで大穴馬券ゲット！

「Ｈｅｙ Ｓｉｒｉ、札幌芝１８００ｍを最短ルートで走るにはどうしたら良い？」「馬番１番をゲットすることでしょう」当たりまえのことを書いてみた。だがしかし、当コースで馬番１番をゲットすると、最短ルートで走れるだけでなく、勝利という名誉も獲得できる。それを示しているのが本頁の「準ウルトラ」だ。

芝からダートへの舞台変更は主に下級条件で成功することが多いが、その反対は成功率が低い。ヴェラアズールのような馬はほんの一握りである。それを明確に表しているのが「正ウルトラ」。この絞り込みをかけることで３着内率は40・４％まで上昇する。

仕上げは本シリーズでお馴染みの前走比頭数減（同頭数も含む）だ。22年7月30日のＳＴＶ賞（３歳以上３勝クラス）では、「超ウルトラ」該当馬フォワードアゲンが単勝オッズ１３４・２倍で勝利。この結果にはＳｉｒｉもさぞかし驚いていることだろう。

札幌芝1800〜芝2000m

NO 101

父がステイゴールド系種牡馬×前走4角9番手以内×前走同距離以上

適用可能コース

札幌芝1800m・札幌芝2000m

3着内率	複勝回収率
37.0%	214%

準々ウルトラ 父がステイゴールド系種牡馬

1着	2着	3着	4着以下	計	勝率	連対率	3着内率	単回率	複回率
12	10	12	94	128	9.4%	17.2%	26.6%	78%	140%

準ウルトラ 前走の4コーナー通過順が9番手以内

1着	2着	3着	4着以下	計	勝率	連対率	3着内率	単回率	複回率
12	8	10	62	92	13.0%	21.7%	32.6%	109%	187%

正ウルトラ 前走のコースが今回と同じ距離か今回より長い距離

1着	2着	3着	4着以下	計	勝率	連対率	3着内率	単回率	複回率
11	7	9	46	73	15.1%	24.7%	37.0%	100%	214%

総合成績

1着−2着−3着−着外／総件数	11− 7 − 9 −46／73

勝率	15.1%	連対率	24.7%	3着内率	37.0%
単勝回収率	100%	複勝回収率	214%		

時系列成績

	1着	2着	3着	4着以下	計	勝率	連対率	3着内率	単勝回収率	複勝回収率
2020▶2021	3	1	1	14	19	15.8%	21.1%	26.3%	29%	34%
2021▶2022	4	2	3	17	26	15.4%	23.1%	34.6%	157%	133%
2022▶2023	4	4	5	15	28	14.3%	28.6%	46.4%	96%	411%

札幌競馬場は縁のある地？ いい波ノッてるステゴ系に注目！

現役時代、「主な勝ち鞍：阿寒湖特別」と紹介される期間が長かったステイゴールド。札幌の地にはやはり縁があるようで、札幌芝１８００ｍと芝２０００ｍではステイゴールドの血を引く産駒が活躍している。

特に活躍が目立つのがオルフェーヴル産駒。「準々ウルトラ」の全12勝のうち7勝が同産駒であり、単勝回収率は１４１％と上々の数字を残している。

前走の４コーナー通過順位が９番手以内という条件をクリアすれば「準ウルトラ」に格上げ。また、前走と同距離か距離短縮であれば「正ウルトラ」になる。なお、勝率が抜きん出て高いわけではないので、３連複やワイドの軸として機能してくれそうだ。

「正ウルトラ」で注目すべきなのが、３着内率の上り調子度合い。26・３％→34・６％→46・４％と、まるでステイゴールドが香港ヴァーズで見せた末脚のような勢いで数字を伸ばしている。24年は一体何％になることやら…。

札幌芝2600m

NO 102

中9週以上×前走馬体重500kg未満

適用可能コース

札幌芝2600m

3着内率	複勝回収率
42.6%	179%

準ウルトラ

前走との間隔が中9週以上

1着	2着	3着	4着以下	計	勝率	連対率	3着内率	単回率	複回率
6	6	9	36	57	10.5%	21.1%	36.8%	121%	150%

正ウルトラ

前走の馬体重が500kg未満

1着	2着	3着	4着以下	計	勝率	連対率	3着内率	単回率	複回率
6	6	8	27	47	12.8%	25.5%	42.6%	147%	179%

超ウルトラ

調教師の所属が栗東

1着	2着	3着	4着以下	計	勝率	連対率	3着内率	単回率	複回率
4	4	5	10	23	17.4%	34.8%	56.5%	246%	292%

総合成績

1着－2着－3着－着外／総件数	6－6－8－27／47

勝率	連対率	3着内率
12.8%	25.5%	42.6%

単勝回収率	複勝回収率
147%	179%

時系列成績

	1着	2着	3着	4着以下	計	勝率	連対率	3着内率	単勝回収率	複勝回収率
2020▶2021	1	2	2	11	16	6.3%	18.8%	31.3%	24%	258%
2021▶2022	2	3	3	7	15	13.3%	33.3%	53.3%	48%	117%
2022▶2023	3	1	3	9	16	18.8%	25.0%	43.8%	362%	158%

目指せ１００点満点の回答
大型馬を論理的に考察すれば証明完了！

本頁では大型馬について掘り下げてみたい。「大型馬なので使いつつ良くなっていくだろう」という陣営のコメントを多々見かける。これは要するに大型馬の休み明けは調整が難しいということを暗に示している。

また、大型馬は長距離よりも短距離の方が得意とされている。これは人間に当てはめると理解しやすい。マラソンに出場する選手と、１００ｍ走に出場する選手の体型を観察すると一目瞭然。前者は体を絞りに絞った選手が多いが、後者は筋肉ムキムキの選手が多い。要するに、長い距離を走るにはスマートな体である方が有利ということだ。

さて、本頁で紹介する札幌芝２６００ｍは長距離戦だ。先述の通り、長距離戦ではスマートな馬体のステイヤーが有利とされる。「正ウルトラ」の条件である前走馬体重５００kg未満はまさにそれを表しており、「準ウルトラ」の条件である中９週以内も逆説的ではあるが、大型馬の休み明けは危険ということを証明している。Q.E.D.

札幌ダ1000m　NO 103

前走左回り×4歳以下

適用可能コース

札幌ダ1000m

3着内率	複勝回収率
38.3%	177%

準ウルトラ

前走のコースが左回り

1着	2着	3着	4着以下	計	勝率	連対率	3着内率	単回率	複回率
11	13	13	73	110	10.0%	21.8%	33.6%	142%	153%

正ウルトラ

馬齢が4歳以下

1着	2着	3着	4着以下	計	勝率	連対率	3着内率	単回率	複回率
10	13	13	58	94	10.6%	24.5%	38.3%	157%	177%

超ウルトラ

性が牝

1着	2着	3着	4着以下	計	勝率	連対率	3着内率	単回率	複回率
8	8	9	35	60	13.3%	26.7%	41.7%	160%	184%

総合成績

1着－2着－3着－着外／総件数	10-13-13-58／94
勝率	10.6%
連対率	24.5%
3着内率	38.3%
単勝回収率	157%
複勝回収率	177%

時系列成績

	1着	2着	3着	4着以下	計	勝率	連対率	3着内率	単勝回収率	複勝回収率
2020▶2021	6	7	7	29	49	12.2%	26.5%	40.8%	187%	213%
2021▶2022	1	3	2	14	20	5.0%	20.0%	30.0%	23%	84%
2022▶2023	3	3	4	15	25	12.0%	24.0%	40.0%	204%	179%

人間にも通ずるとある法則
その名は「札幌ダート１０００ｍ左回りの法則」

「左回りの法則」という用語をご存じだろうか。これは、人間は自然と反時計回り（左回り）に行動してしまうという説である。身近な例では陸上のトラック競技。競馬と違って左回りで固定されているのは、人間にとって走りやすいのが左回りであるからだ。

話が脱線してしまったが、札幌ダート１０００ｍでは前走コースが左回りであれば、馬券でひと儲けが可能である。この現象のことを「札幌ダート１０００ｍ左回りの法則」と名付けたい。

この法則の恩恵を最も受けるのが４歳以下の馬。レースの経験数が少ないため、左右の回りが変わることによる影響を大きく受けるからだと思われる。

一見すると札幌なのに左回り？と疑問に思ってしまうかもしれない。しかし各ウルトラの回収率を見れば、その破壊力をよくお分かり頂けるはず。ぜひ「札幌ダート１０００ｍ左回りの法則」を有効活用していただきたい。

11～12番×4歳以下

適用可能コース

札幌ダ1000m

3着内率	複勝回収率
33.8%	153%

準ウルトラ

馬番が11～12番

1着	2着	3着	4着以下	計	勝率	連対率	3着内率	単回率	複回率
10	12	6	63	91	11.0%	24.2%	30.8%	177%	135%

正ウルトラ

馬齢が4歳以下

1着	2着	3着	4着以下	計	勝率	連対率	3着内率	単回率	複回率
10	10	6	51	77	13.0%	26.0%	33.8%	209%	153%

超ウルトラ

負担重量が減量なし

1着	2着	3着	4着以下	計	勝率	連対率	3着内率	単回率	複回率
6	7	4	26	43	14.0%	30.2%	39.5%	273%	215%

総合成績

1着－2着－3着－着外／総件数	10-10-6-51／77

勝率	連対率	3着内率	単勝回収率	複勝回収率
13.0%	26.0%	33.8%	209%	153%

時系列成績

	1着	2着	3着	4着以下	計	勝率	連対率	3着内率	単勝回収率	複勝回収率
2020▶2021	4	4	4	17	29	13.8%	27.6%	41.4%	337%	274%
2021▶2022	3	2	0	18	23	13.0%	21.7%	21.7%	74%	38%
2022▶2023	3	4	2	16	25	12.0%	28.0%	36.0%	184%	119%

馬番11番と12番は中途半端な番号なのに好走率が高いのなぁぜなぁぜ？

本頁のウルトラをＴｉｋＴｏｋで動画を作るならこうなるだろう。「馬番11番と12番は中途半端な番号なのに、札幌ダート１０００ｍ戦で好走率が高いのなぁぜなぁぜ？」「なぁぜ？」なのかは至って簡単。同コースのフルゲートは12頭なので、馬番11番と12番は必然的に外枠になる。スタートしてからゴチャつくことが多い短距離ダート戦において、苦労せず位置取りを確保できる外枠は有利になることが多い。

ＴｉｋＴｏｋは若い世代が多く利用するコンテンツ。こじつけになるかもしれないが、「正ウルトラ」の条件である４歳以下になる理由は、若い馬だからと覚えておきたい。なお、若い馬であることはプラスに働くが、若い騎手が騎乗しても効果は薄いようだ。なぜなら「超ウルトラ」では減量制度が適用される騎手、すなわち若手騎手を除外しているからである。若い馬には効くが、若い人には効かない世にも奇妙なデータと頭に入れておこう。

武豊騎手×負担重量54kg以上×12頭立て以上

適用可能コース

札幌ダ1700m

3着内率 **59.5%**

複勝回収率 **159%**

準々ウルトラ

鞍上が武豊騎手

1着	2着	3着	4着以下	計	勝率	連対率	3着内率	単回率	複回率
13	5	6	22	46	28.3%	39.1%	52.2%	227%	135%

準ウルトラ

負担重量が54kg以上

1着	2着	3着	4着以下	計	勝率	連対率	3着内率	単回率	複回率
12	5	6	19	42	28.6%	40.5%	54.8%	240%	144%

正ウルトラ

出走頭数が12頭以上

1着	2着	3着	4着以下	計	勝率	連対率	3着内率	単回率	複回率
12	4	6	15	37	32.4%	43.2%	59.5%	272%	159%

総合成績

1着－2着－3着－着外／総件数	12－4－6－15／37
勝率	32.4%
連対率	43.2%
3着内率	59.5%
単勝回収率	272%
複勝回収率	159%

時系列成績

	1着	2着	3着	4着以下	計	勝率	連対率	3着内率	単勝回収率	複勝回収率
2020▶2021	2	0	3	4	9	22.2%	22.2%	55.6%	70%	142%
2021▶2022	3	3	1	6	13	23.1%	46.2%	53.8%	214%	134%
2022▶2023	7	1	2	5	15	46.7%	53.3%	66.7%	444%	191%

レジェンドがキレッキレに動ける舞台 参加者が多いほどその動きは活発に！

某人気競馬ゲームのCMで、見事なタップダンスを披露している武豊騎手（ダンス映像がCGなのはヒミツ）。札幌ダート1700mでタップダンス以上にキレッキレの動きを魅せていることを皆さんはご存じだろうか。

当コースにおける武豊騎手の3着内率は5割を超えており、単勝回収率はなんと227%。もはや何も考えずに武豊騎手を買うだけでプラス収支になるのだ。

出走頭数が増えるほど成績が良くなるという点が本データの面白いところ。「準々ウルトラ」時には28・3%だった勝率が、「正ウルトラ」になると32・4%まで上昇。レジェンドだからこそ成し遂げられる業なのだろう。

代表的なレースは23年7月23日の大倉山特別（3歳以上2勝クラス）。シルバーブレッドに騎乗した武豊騎手。絶妙なタイミングでスパートをかけ、直線では他馬を捻じ伏せて勝利。単勝オッズ32・7倍の低評価だった馬を、キレッキレの動きで勝たせたレースであった。

札幌ダ1700m

NO 106

前走馬体重500kg以上×前走7着以内×前走同頭数以上

適用可能コース

札幌ダ1700m

3着内率	複勝回収率
40.6%	161%

準々ウルトラ
前走の馬体重が500kg以上

1着	2着	3着	4着以下	計	勝率	連対率	3着内率	単回率	複回率
36	31	27	238	332	10.8%	20.2%	28.3%	92%	108%

準ウルトラ
前走の着順が7着以内

1着	2着	3着	4着以下	計	勝率	連対率	3着内率	単回率	複回率
26	26	24	124	200	13.0%	26.0%	38.0%	82%	139%

正ウルトラ
前走の出走頭数が今回と同じ頭数か今回より多い頭数

1着	2着	3着	4着以下	計	勝率	連対率	3着内率	単回率	複回率
17	19	16	76	128	13.3%	28.1%	40.6%	96%	161%

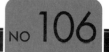

総合成績

1着－2着－3着－着外／総件数	17-19-16-76／128
勝率	13.3%
連対率	28.1%
3着内率	40.6%
単勝回収率	96%
複勝回収率	161%

時系列成績

	1着	2着	3着	4着以下	計	勝率	連対率	3着内率	単勝回収率	複勝回収率
2020→2021	4	9	4	14	31	12.9%	41.9%	54.8%	37%	97%
2021→2022	9	5	5	29	48	18.8%	29.2%	39.6%	95%	252%
2022→2023	4	5	7	33	49	8.2%	18.4%	32.7%	135%	113%

あたり前田のクラッカー、あたりまえ体操♪
あたりまえのミルフィーユでダート1700mを攻略

ダート戦で体格の良い馬、馬体重が重い馬を狙うことはもはや当たりまえと言える。昭和生まれなら「あたり前田のクラッカー」、平成生まれなら「あたりまえ体操♪」と思わず口ずさんでしまうだろう。本頁の「準々ウルトラ」は、当たりまえのことが条件となっている。「準ウルトラ」の前走着順が7着以内というのも、やや当たりまえ感が強い。大敗した馬が巻き返すことはそんなに多く発生しないからだ。「正ウルトラ」である前走比頭数減（同頭数含む）は、本シリーズの読者であれば「ああ、当たりまえじゃん」とつぶやくはず。

23年のエルムS（3歳以上GⅢ）は、「正ウルトラ」を満たしていた4番人気ワールドタキオンが2着、10番人気ロッシュローブが3着と好走。当たりまえをミルフィーユのように重ねることで夏のダート重賞、エルムSの好走馬をピタリ当てることができる素晴らしいデータだ。

前作の的中実績 **8**

前走馬体重490kg以上×1〜6枠×馬齢が6歳以下

札幌芝1500m

NO 088

前走馬体重490kg以上×1〜6枠

適用可能コース

札幌芝1500m

複勝率	複勝回収率
34.8%	174%

準ウルトラ　前走の馬体重が490kg以上

1着	2着	3着	4着以下	計	勝率	連対率	複勝率	単回率	複回率
5	8	12	70	95	5.3%	13.7%	26.3%	36%	147%

正ウルトラ　枠番が1〜6枠

1着	2着	3着	4着以下	計	勝率	連対率	複勝率	単回率	複回率
5	8	10	43	66	7.6%	19.7%	34.8%	52%	174%

超ウルトラ　馬齢が6歳以下

1着	2着	3着	4着以下	計	勝率	連対率	複勝率	単回率	複回率
5	8	10	38	61	8.2%	21.3%	37.7%	56%	189%

198

2022/9/3　札幌10R

日高S

1着　④シャイニーロック（7人気）　超ウルトラ該当！

2着　⑥オーバーディリバー（5人気）

3着　⑪コスモエスパーダ（9人気）

単勝／④1,240円　複勝／④430円 ⑥410円 ⑪570円　馬連／④⑥6,120円
馬単／④⑥13,740円　3連複／④⑥⑪35,600円　3連単／④⑥⑪180,890円

滞在競馬の人気馬をさしおいて「超ウルトラ」馬が激走！

前作にて紹介した当コースの「超ウルトラ」が、「前走馬体重490kg以上」×「枠番が1〜6枠」×「馬齢が6歳以上」というもの。洋芝の札幌で好走するには、まず第一にある程度の馬格が重要で、前走馬体重490kg以上という括りだけでも3着内率は147%と、上々の数字を誇る。また、スタートしてすぐコーナーを迎えるため、1〜6枠という内目の枠に優位性があり、さらに馬齢6歳以下という条件も加味すれば、複勝率189%という激アツの「超ウルトラ」に上昇する。当レースで「超ウルトラ」3条件に該当していたシャイニーロック（7人気）は、内からポンと好位につけると、直線では力強く脚を使い、危なげなく1着に好走。このレースでは、滞在競馬で好結果を残していた馬に人気が集まりがちで、中9週のシャイニーロックは7番人気に止まっていた。人気に惑わされず激走候補の妙味ある馬をあぶり出すことができる、本書の醍醐味を表すような好レースとなった。

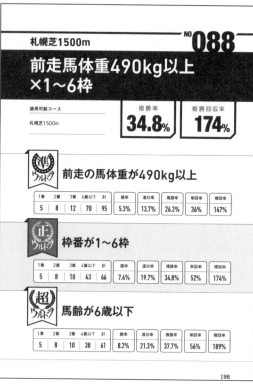

ウルトラ回収率

2024-2025

函館競馬場

HAKODATE Race Course

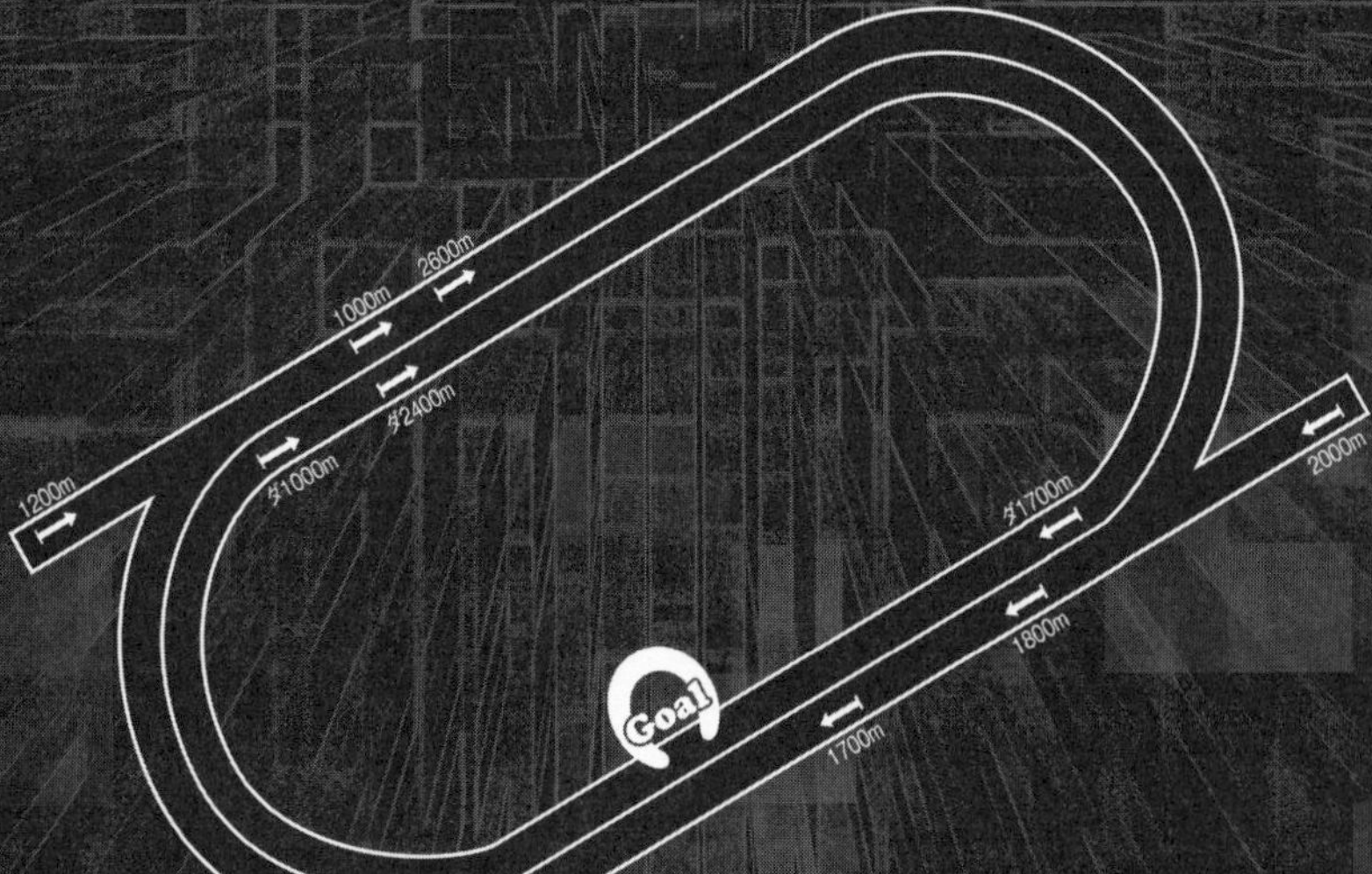

NO 107

父がストームキャット系種牡馬×前走芝×4歳以下

適用可能コース

函館芝1200m

3着内率 42.9%

複勝回収率 154%

準々ウルトラ

父がストームキャット系種牡馬

1着	2着	3着	4着以下	計	勝率	連対率	3着内率	単回率	複回率
6	14	6	57	83	7.2%	24.1%	31.3%	83%	104%

準ウルトラ

前走のコースが芝

1着	2着	3着	4着以下	計	勝率	連対率	3着内率	単回率	複回率
2	10	6	28	46	4.3%	26.1%	39.1%	24%	140%

正ウルトラ

馬齢が4歳以下

1着	2着	3着	4着以下	計	勝率	連対率	3着内率	単回率	複回率
2	10	6	24	42	4.8%	28.6%	42.9%	26%	154%

総合成績

1着－2着－3着－着外／総件数	2－10－6－24／42
勝率	4.8%
連対率	28.6%
3着内率	42.9%
単勝回収率	26%
複勝回収率	154%

時系列成績

	1着－2着－3着－4着以下／計	勝率	連対率	3着内率	単勝回収率	複勝回収率
2020▸2021	1－4－2－11／18	5.6%	27.8%	38.9%	35%	155%
2021▸2022	0－2－1－8／11	0.0%	18.2%	27.3%	0%	175%
2022▸2023	1－4－3－5／13	7.7%	38.5%	61.5%	37%	133%

子孫である種牡馬を覚えておけば夏競馬の主要コースで的中の嵐

北米を代表する一大父系を築き上げたストームキャット。現役時代こそ2歳GIを一勝のみ、クラシックには不出走だったが、種牡馬としては大成功を収め、供用開始時には3万ドルだった種付け料が、晩年（02～07年）には50万ドルにまで跳ね上がった。当時のレートにして約6千万円だ。日本に輸入された直仔からGI馬は出なかったものの、子孫は今でも短距離を中心に活躍している。馬券の狙い目となる舞台のひとつが、函館芝１２００ｍだ。

ベタ買いでも複勝回収率は１００％を超えているが、安定を求めるためにデータを掘り下げると、「正ウルトラ」の要件にある、〝前走も芝〟・〝フレッシュな若馬〟に照準を絞るべきだと分かったので活用して欲しい。

来夏のために23年2歳世代の産駒数順に該当種牡馬を羅列すると、ドレフォン、ブリックスアンドモルタル、ヘニーヒューズ、アジアエクスプレス、シャンハイボビー、ディスクリートキャット、モーニン、ネロといった面々だ。

函館芝1200～2000m

NO 108

佐々木大輔騎手×牝

適用可能コース

函館芝1200m・函館芝1800m
函館芝2000m

3着内率	複勝回収率
51.4%	166%

準ウルトラ

鞍上が佐々木大輔騎手

1着	2着	3着	4着以下	計	勝率	連対率	3着内率	単回率	複回率
10	7	4	37	58	17.2%	29.3%	36.2%	82%	118%

正ウルトラ

性が牝

1着	2着	3着	4着以下	計	勝率	連対率	3着内率	単回率	複回率
10	7	2	18	37	27.0%	45.9%	51.4%	129%	166%

超ウルトラ

馬齢が4歳以下

1着	2着	3着	4着以下	計	勝率	連対率	3着内率	単回率	複回率
10	7	2	14	33	30.3%	51.5%	57.6%	145%	186%

総合成績

1着－2着－3着－着外／総件数	10－7－2－18／37

勝率	27.0%	連対率	45.9%	3着内率	51.4%
単勝回収率	129%	複勝回収率	166%		

時系列成績

	1着	2着	3着	4着以下	計	勝率	連対率	3着内率	単勝回収率	複勝回収率
2020→2021	-	-	-	-	-	-	-	-	-	-
2021→2022	-	-	-	-	-	-	-	-	-	-
2022→2023	10	7	2	18	37	27.0%	45.9%	51.4%	129%	166%

味な競馬で好走を頻発 若手の星は牝馬のエスコートが巧み

23年の函館リーディングは2年目の佐々木大輔騎手が獲得。1年目は函館で乗っていなかったので、集計期間中の成績が良いのは当たり前と言えばその通りなのだが、特筆すべきは「減量が▲から△になって勝ち星を増やしたこと」である。また、その後の結果や騎乗馬の質が向上していることから、一過性のものではなく来年も狙えると判断。他場も含め〝佐々木大輔騎手の買いパターン〟のヒントになるものだと思っていただければ幸いである。

とりわけ活躍が目立ったのが芝の主要3コースであり、中でも牝馬に騎乗した際の成績が凄まじい。繁殖入りが迫る5歳以上を除くだけで、「超ウルトラ」の数字になる。

人気馬の騎乗も増えてきた開催終盤、23年7月15日の3R（3歳未勝利・芝１２００ｍ）では、12番人気ビスケット（単勝33・9倍）を2着に導いて3連単31万馬券に貢献。減量を活かした逃げのみならず、周りを見ながら落ち着いたレース運びをできることが陣営の評価に繋がっている。

前走東京芝1800~2000m ×4~8枠×減量なし

適用可能コース

函館芝1800m·函館芝2000m

3着内率	複勝回収率
61.0%	168%

準々ウルトラ

前走のコースが東京芝1800~2000m

1着	2着	3着	4着以下	計	勝率	連対率	3着内率	単回率	複回率
12	10	10	48	80	15.0%	27.5%	40.0%	135%	115%

準ウルトラ

枠番が4~8枠

1着	2着	3着	4着以下	計	勝率	連対率	3着内率	単回率	複回率
11	8	8	27	54	20.4%	35.2%	50.0%	185%	132%

正ウルトラ

負担重量が減量なし

1着	2着	3着	4着以下	計	勝率	連対率	3着内率	単回率	複回率
11	7	7	16	41	26.8%	43.9%	61.0%	243%	168%

総合成績

1着－2着－3着－着外／総件数	11－7－7－16／41

勝率	26.8%	連対率	43.9%	3着内率	61.0%
単勝回収率	243%	複勝回収率	168%		

時系列成績

	1着	2着	3着	4着以下	計	勝率	連対率	3着内率	単勝回収率	複勝回収率
2020▶2021	4	3	2	4	13	30.8%	53.8%	69.2%	327%	193%
2021▶2022	2	0	2	4	8	25.0%	25.0%	50.0%	207%	121%
2022▶2023	5	4	3	8	20	25.0%	45.0%	60.0%	203%	172%

素質馬が集まりやすい舞台を経て辿り着いた馬が激走を量産する

本書制作の過程では「どう説明すれば伝わるか悩ましいけど買い」といったデータが見つかることもある。本項がそれにあたるのだが、函館芝１８００ｍ・２０００ｍでは、前走で東京芝１８００・２０００ｍを走っていた馬の成績がやけに良い。要因は大まかに次の２つだろう。

①逃げ・先行が不利な状況で凡走していた馬が、小回り替わりで踏ん張る　②素質馬が集まりやすい舞台で凡走した馬が、ローカル替わりで相手弱化→好走

該当レースを見ていくと、いずれかに当てはまることが大半だった。①の典型例に挙げられるのは23年6月17日の奥尻特別（１勝クラス・芝２０００ｍ）で７番人気ながら逃げて２着に粘ったテラフォーミング（単勝20・1倍）。

23年７月９日の五稜郭Ｓ（３勝クラス・芝１８００ｍ）を勝ったアケルナルスター（単勝17・０倍）の前走（府中Ｓ）は、上位３頭がクラシックのトライアル競走に出走経験があった馬であり、②の典型例だった。

NO 110

父がエピファネイア×2~8枠

適用可能コース

函館芝1800m・函館芝2000m
函館芝2600m

3着内率 39.7%
複勝回収率 157%

準ウルトラ 父がエピファネイア

1着	2着	3着	4着以下	計	勝率	連対率	3着内率	単回率	複回率
6	5	12	42	65	9.2%	16.9%	35.4%	69%	140%

正ウルトラ 枠番が2~8枠

1着	2着	3着	4着以下	計	勝率	連対率	3着内率	単回率	複回率
6	5	12	35	58	10.3%	19.0%	39.7%	78%	157%

超ウルトラ 性が牡・セン

1着	2着	3着	4着以下	計	勝率	連対率	3着内率	単回率	複回率
3	4	8	13	28	10.7%	25.0%	53.6%	61%	161%

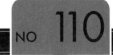

総合成績

1着－2着－3着－着外／総件数	6-5-12-35／58
勝率	10.3%
連対率	19.0%
3着内率	39.7%
単勝回収率	78%
複勝回収率	157%

時系列成績

	1着	2着	3着	4着以下	計	勝率	連対率	3着内率	単勝回収率	複勝回収率
2020▶2021	1	2	2	10	15	6.7%	20.0%	33.3%	21%	73%
2021▶2022	4	1	5	13	23	17.4%	21.7%	43.5%	143%	121%
2022▶2023	1	2	5	12	20	5.0%	15.0%	40.0%	45%	261%

新たな夏競馬の風物詩に 函館芝中距離のエピファネイア祭

初年度産駒からデアリングタクトを、２世代目にもエフォーリアを輩出し、順風満帆な種牡馬生活を送っているエピファネイア。産駒たちは父の影響力を受けやすいのか、マイル以上のレンジで活躍する傾向にあり、函館においては芝中距離以上の３コースで、美味しい馬券をもたらしてくれる。集計期間中はベタ買いでも複勝回収率１４０％。出遅れるとリスクの大きい最内枠を避けるだけで「正ウルトラ」の数値となる。これは憶測になるが、気性の激しい産駒も多いので滞在効果も出ているのだろう。

23年のハイライトは7月9日の横津岳特別（２勝クラス・芝２６００ｍ）。メンバー中唯一のエピファネイア産駒、マテンロウマジック（単勝オッズ９・１倍）が、上がり最速タイの末脚で逃げ馬に迫り、ゴール前で捕えて勝利。１・２番人気が相手でも３連単１万３６２０円の好配当を演出した。牝馬の活躍も多く見られるが、牡・セン馬に限れば、３着内率も大きく向上するので勝負の際の目安にしたい。

函館芝2000m

NO 111

頭数減×
前走10着以内×9頭立て以上

適用可能コース

函館芝2000m

3着内率	複勝回収率
36.8%	157%

準々ウルトラ

前走の出走頭数が
今回より多い頭数

1着	2着	3着	4着以下	計	勝率	連対率	3着内率	単回率	複回率
24	17	20	145	206	11.7%	19.9%	29.6%	225%	117%

準ウルトラ

前走の着順が10着以内

1着	2着	3着	4着以下	計	勝率	連対率	3着内率	単回率	複回率
23	17	18	98	156	14.7%	25.6%	37.2%	286%	144%

正ウルトラ

出走頭数が9頭以上

1着	2着	3着	4着以下	計	勝率	連対率	3着内率	単回率	複回率
20	15	15	86	136	14.7%	25.7%	36.8%	314%	157%

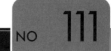

総合成績

1着－2着－3着－着外／総件数	20-15-15-86／136
勝率	14.7%
連対率	25.7%
3着内率	36.8%
単勝回収率	314%
複勝回収率	157%

時系列成績

	1着	2着	3着	4着以下	計	勝率	連対率	3着内率	単勝回収率	複勝回収率
2020▶2021	3	1	2	16	22	13.6%	18.2%	27.3%	126%	120%
2021▶2022	9	7	6	39	61	14.8%	26.2%	36.1%	503%	186%
2022▶2023	8	7	7	31	53	15.1%	28.3%	41.5%	174%	140%

手軽な割には意外と浸透していない ダサ儲かる穴馬探しのアプローチ

当シリーズでもたびたび条件の中に組み込んでいるのが、前走の出走頭数である。大まかに言って、前走の頭数が多いほど期待値が高くなりやすく、少ないほど期待値が低くなりやすい。

「逃げて8着」は18頭立てと9頭立てとでは価値が異なる。これは、「上がり最速で8着」でも同じこと。本項は、この理屈を利用したアプローチだ。あまりカッコイイ予想法ではないので浸透しておらず、結果的に期待値がある。

23年7月9日4R（1勝クラス）では「正ウルトラ」に該当のユイ（単勝オッズ49・4倍）が果敢に逃げて2着に粘り波乱を演出。16頭立ての前走では逃げて9着だったが、頭数減でプレッシャーが軽くなったのも好走要因だろう。

実際に馬柱と向き合って「正ウルトラ」の該当馬を探す際には、普段と逆の手順で探した方が分かりやすいはずだ。まず9頭立て以上のレースを選び、その中で前走10着以内をマーク。最後に、前走の出走頭数を確認すればOKだ。

函館ダ1000m

NO 112

関西馬×前走16頭立て以上×前走4角7番手以内

適用可能コース

函館ダ1000m

3着内率	複勝回収率
42.9%	158%

準々ウルトラ

調教師の所属が栗東

1着	2着	3着	4着以下	計	勝率	連対率	3着内率	単回率	複回率
23	35	27	160	245	9.4%	23.7%	34.7%	43%	91%

準ウルトラ

前走の出走頭数が16頭以上

1着	2着	3着	4着以下	計	勝率	連対率	3着内率	単回率	複回率
4	13	10	43	70	5.7%	24.3%	38.6%	30%	138%

正ウルトラ

前走の4コーナー通過順が7番手以内

1着	2着	3着	4着以下	計	勝率	連対率	3着内率	単回率	複回率
3	12	9	32	56	5.4%	26.8%	42.9%	21%	158%

総合成績

1着−2着−3着−着外／総件数	3-12-9-32／56
勝率	5.4%
連対率	26.8%
3着内率	42.9%
単勝回収率	21%
複勝回収率	158%

時系列成績

	1着	2着	3着	4着以下	計	勝率	連対率	3着内率	単勝回収率	複勝回収率
2020▸2021	1	5	1	6	13	7.7%	46.2%	53.8%	23%	139%
2021▸2022	1	2	5	12	20	5.0%	15.0%	40.0%	25%	177%
2022▸2023	1	5	3	14	23	4.3%	26.1%	39.1%	16%	151%

関西馬を買うだけで儲かるコース 美浦坂路のリニューアルも恐れず勝負だ

函館ダ1000mは言わずもがな出脚が重要。ゆえに、栗東坂路で鍛えられた関西馬の期待値が高い。美浦坂路のリニューアルでこの差が詰まる可能性もあるが、東西格差は坂路だけではない。函館開催と近い時期に組まれている関東のダートの短距離戦はレース質が大きく異なる東京の1300・1400m。関西では京都・阪神1200mの番組がある。新潟の1200mはローカルでややメンバーが落ちる上に芝のスタート。「前走の出走頭数が16頭以上」には、これらを篩にかける効果もある。また、4角通過順7番手以内を設定すると追走力の目安にもなる。

「正ウルトラ」該当馬は人気の盲点となることもあり、22年6月18日の8R（1勝クラス）では、3頭いた該当馬のうち、人気薄のスズカサウスソング（単勝106・2倍）が2着に入り3連単30万馬券に貢献。3着イスラアネーロ（3・2倍）も「正ウルトラ」の該当馬だった。着順の紛れも多いコースなのでマルチ買いに妙味がありそうだ。

鮫島克駿騎手×3歳以下×関西馬

適用可能コース

函館ダ1000m·函館ダ1700m

3着内率	複勝回収率
52.5%	156%

準々ウルトラ

鞍上が鮫島克駿騎手

1着	2着	3着	4着以下	計	勝率	連対率	3着内率	単回率	複回率
6	12	6	39	63	9.5%	28.6%	38.1%	158%	116%

準ウルトラ

馬齢が3歳以下

1着	2着	3着	4着以下	計	勝率	連対率	3着内率	単回率	複回率
6	11	6	26	49	12.2%	34.7%	46.9%	204%	146%

正ウルトラ

調教師の所属が栗東

1着	2着	3着	4着以下	計	勝率	連対率	3着内率	単回率	複回率
5	10	6	19	40	12.5%	37.5%	52.5%	85%	156%

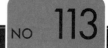

総合成績

1着－2着－3着－着外／総件数	5 -10- 6 -19／ 40

勝率	12.5%	連対率	37.5%	3着内率	52.5%
単勝回収率	85%	複勝回収率	156%		

時系列成績

	1着	2着	3着	4着以下	計	勝率	連対率	3着内率	単勝回収率	複勝回収率
2020▸2021	0	0	0	1	1	0.0%	0.0%	0.0%	0%	0%
2021▸2022	2	3	3	7	15	13.3%	33.3%	53.3%	49%	114%
2022▸2023	3	7	3	11	24	12.5%	41.7%	54.2%	110%	188%

津軽海峡・湯浜・マリーン・噴火湾
函館ダートは鮫の出没にご注意を

23年にはデビュー9年目を迎え27歳となった鮫島克駿騎手。この夏は1回函館で5位、2回函館で3位と安定した成績を収めて開催リーディング上位に名を連ねた。中でもダートの主要2コースにおいて、人気馬を堅実に導きつつ、穴馬も上位に持ってくるシーンが目立った。更に振り返れば22年も、騎乗数こそ多くなかったものの3着内率は同等。得意舞台と認定しても差し支えないだろう。その中でも3歳馬への騎乗が手堅く、さらに関西馬なら「正ウルトラ」の複勝回収率１５６％だ。3着内率の5割超えも光る。

前年に比べて2着が多かった中で、鬱憤を晴らしたのが7月16日・7R（1勝クラス・ダ１７００ｍ）。8番人気エンプレスペイ（単勝オッズ19・０倍）で果敢にハナを奪うと、1番人気馬をクビ差振り切っての勝利。馬単４５００円、3連単3万６５６０円の高配当を演出している。最後に、どちらかと言えば１７００ｍの方が乗鞍も多く連対率も高い点は強調しておきたい。

函館ダ1700m　NO 114

前走京都×減量なし

適用可能コース

函館ダ1700m

3着内率	複勝回収率
38.8%	153%

準ウルトラ

前走のコースが京都

1着	2着	3着	4着以下	計	勝率	連対率	3着内率	単回率	複回率
8	8	5	41	62	12.9%	25.8%	33.9%	126%	127%

正ウルトラ

負担重量が減量なし

1着	2着	3着	4着以下	計	勝率	連対率	3着内率	単回率	複回率
7	8	4	30	49	14.3%	30.6%	38.8%	145%	153%

超ウルトラ

性が牡・セン

1着	2着	3着	4着以下	計	勝率	連対率	3着内率	単回率	複回率
5	7	4	21	37	13.5%	32.4%	43.2%	166%	189%

総合成績

1着－2着－3着－着外／総件数	7－8－4－30／49
勝率	14.3%
連対率	30.6%
3着内率	38.8%
単勝回収率	145%
複勝回収率	153%

時系列成績

	1着	2着	3着	4着以下	計	勝率	連対率	3着内率	単勝回収率	複勝回収率
2020▶2021	0	0	0	2	2	0.0%	0.0%	0.0%	0%	0%
2021▶2022	-	-	-	-	-	-	-	-	-	-
2022▶2023	7	8	4	28	47	14.9%	31.9%	40.4%	151%	160%

距離・芝ダは不問で、場だけ要チェック 次の夏も函館ダ1700mにおこしやす

函館と京都の共通点は、右回り・直線が平坦である点。根拠に乏しいようにも思うが、函館ダ1700mでは、前走で京都を走っていた馬の活躍が目立つ。最も関連性が強いのは距離も近いダ1800mだが、1900・1400・1200mを経由した馬にも好走例があるばかりか、芝からのダート替わりで激走した例も複数回見られた。これに加えて、減量制度の対象騎手を除くだけで「正ウルトラ」の数字にもなる。

ちなみに、リニューアル前のデータも集計したところ、回収率こそ23年ほどではないものの、好走率は前走で他場を走っていた馬と比べて明らかに高い。データとして表れている割に、世間に浸透していないので儲けが出るということだろう。本書を購読してくれた読者以外の馬券ファンが、来夏も思い出さないことを切に祈る。

トリを飾るには薄味なネタかもしれないが、謳い文句の「激走馬候補が瞬時に炙り出せるデータ本」には相応しい。

No.099　函館芝1800m攻略

前作の的中実績 9

丹内祐次騎手×前走4角7番手以内×前走13着以内

函館芝1800m　NO 099

丹内祐次騎手×前走4角7番手以内

適用可能コース

函館芝1800m

複勝率	複勝回収率
53.1%	180%

準ウルトラ　鞍上が丹内祐次騎手

1着	2着	3着	4着以下	計	勝率	連対率	複勝率	単回率	複回率
4	11	4	25	44	9.1%	34.1%	43.2%	42%	141%

正ウルトラ　前走の4コーナー通過順が7番手以内

1着	2着	3着	4着以下	計	勝率	連対率	複勝率	単回率	複回率
4	11	2	15	32	12.5%	46.9%	53.1%	58%	180%

超ウルトラ　前走の着順が13着以内

1着	2着	3着	4着以下	計	勝率	連対率	複勝率	単回率	複回率
4	11	2	11	28	14.3%	53.6%	60.7%	66%	206%

222

2023/7/9　函館11R

五稜郭S

1着　⑫アケルナルスター（7人気）　超ウルトラ該当！

2着　⑨サンストックトン（2人気）

3着　⑩ミスフィガロ（11人気）

単勝／⑫1,700円　複勝／⑫390円 ⑨180円 ⑩630円　馬連／⑨⑫4,420円
馬単／⑫⑨10,770円　3連複／⑨⑩⑫30,110円　3連単／⑫⑨⑩185,110円

まだまだ上昇中の丹内Jは今夏も買わなきゃ当たんない！

前作にて紹介した当コースの「超ウルトラ」が、「鞍上が丹内祐次騎手」×「前走の4コーナー過順が7番手以内」×「前走の着順が13着以内」というもの。現在3年連続でキャリアハイを達成中のブレイク男・丹内騎手は、地元北海道開催では毎年水を得た魚の活躍をみせる。このイメージは競馬ファンにもおなじみとなりつつあるが、当コースではまだ妙味が高く、特に人気薄を2、3着に好走させるパターンが頻発。直近1年間に限ると、複勝回収率はなんと300%超にも昇っている。前走で中団より前の位置で、大敗を喫してない馬なら「超ウルトラ」となり、複勝回収率は200%超え。当レースで、「超ウルトラ」に該当していたのが7人気のアケルナルスター。函館は庭といえるほど知り尽くしている丹内騎手は、1000m通過付近から思い切った大マクリを決め、同馬を馬券内どころか勝利に導いた。複勝回収率は年々上昇傾向にあるので、今夏もぜひ狙ってみたい条件だ。

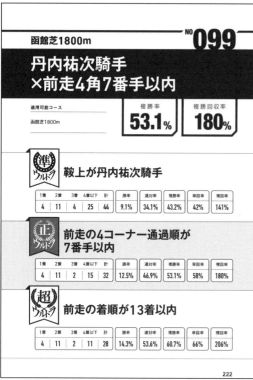

ウルトラ回収率

2024-2025

競馬王データ特捜班

伊吹雅也　データ監修

1979年生まれ。JRA公式ウェブサイトの『JRAホームページ』内「今週の注目レース」で“データ分析”のコーナーを担当しているほか、『グリーンチャンネル』、『ウマニティ』など、さまざまなメディアで活躍中の競馬評論家。的確でわかりやすいデータ分析に定評がある。現在、雑誌『競馬王』での連載の他、『競馬王チャンネル』では「伊吹雅也のリアル競馬王フライデー」を生配信で公開中。近著に『血統&ジョッキー偏差値2023-2024 ~儲かる種牡馬・騎手ランキング~』(小社刊)など。埼玉県桶川市在住。早稲田大学第一文学部卒。

X(旧Twitter)アカウント　https://twitter.com/ibukimasaya

菊池グリグリ　執筆協力

1984年生まれ。構成作家・競馬ライター。コントやドッキリ・朝のショートアニメの脚本を手掛ける一方、現在は川崎競馬場公式チャンネル、楽天競馬LIVEなど地方競馬生配信の構成・演出や、パチンコパチスロ番組が主戦場という“ギャンブル特化型の構成作家”になりつつある。『競馬王のPOG本』では日高を担当する馬産地好き。YouTubeチャンネル『おしウマ!!』の“グリ”としても活動中。

X(旧Twitter)アカウント　https://twitter.com/guriguritk

ウルトラ回収率《かいしゅうりつ》
2024-2025

2023年12月5日初版第1刷発行

監　　修	伊吹雅也
編　　者	競馬王データ特捜班
発 行 者	松丸　仁
写　　真	橋本　健
装　　丁	雨奥崇訓
印刷・製本	株式会社 暁印刷
発 行 所	株式会社 ガイドワークス
	編集部　〒171-8570 東京都豊島区高田3-10-12　03-6311-7956
	営業部　〒171-0033 東京都豊島区高田3-10-12　03-6311-7777
	URL　http://guideworks.co.jp